SECRETS
OF POWER
SALES TEAM

优势销售团队

7步快速打造高绩效销售团队

尚丰◎著

当代世界出版社

图书在版编目（CIP）数据

优势销售团队 / 尚丰著 .—北京：当代世界出版社，2013.10
ISBN 978-7-5090-0717-4

Ⅰ. ①优… Ⅱ. ①尚… Ⅲ. ①销售管理 - 组织管理学 Ⅳ. ① F713.3

中国版本图书馆 CIP 数据核字（2013）第 195793 号

优势销售团队

作　　者：	尚　丰
出版发行：	当代世界出版社
地　　址：	北京市复兴路4号（100860）
网　　址：	http://www.worldpress.org.cn
编务电话：	（010）83907332
发行电话：	（010）83908409
	（010）83908455
	（010）83908377
	（010）83908423（邮购）
	（010）83908410（传真）
经　　销：	新华书店
印　　刷：	北京普瑞德印刷厂
开　　本：	710mm×1000mm　1/16
印　　张：	13.5
字　　数：	200 千字
版　　次：	2013 年 10 月第 1 版
印　　次：	2013 年 10 月第 1 次
书　　号：	ISBN 978-7-5090-0717-4
定　　价：	28.00 元

如发现印装质量问题，请与承印厂联系调换。
版权所有，翻印必究，未经许可，不得转载！

乔布斯语录

只有追寻 A+ 级的人才，才能创建一个好的团队。一个由 A+ 级人才组成的小团队，完全可以与由 B 级或 C 级人才组成的超大型团队抗衡。

质量比数量更重要，一个本垒远好于两个二垒安打。

前言

我在全国各地讲授《销售团队管控》这门课已近8年，自我感觉这门课为学员带领销售团队取得优秀业绩作出了一定的贡献，还是很开心的。

有一次，我受邀参加一群创业企业家的沙龙活动，发现创业企业家们对待销售以及销售团队的态度分成了两大阵营：一个阵营以做营销出身的企业家为主，他们认为销售团队的强弱以及销售方式对公司的成败很重要；另一个阵营以技术专家出身的企业家为主，他们认为一个企业最重要的是有好的产品，销售相对来说并不重要。作为营销方面的专业研究者，我被主持人请出来发表一下自己的意见。

个人认为，一家企业想要成功，产品绝对是第一要素，而销售也是必不可少的。产品好是企业成功的必要条件，但不是充分条件，只有产品好加销售好，才能等于成功。

乔布斯是目前鼎鼎大名的苹果公司的前CEO以及创始人，他带领的"苹果"市值在2011年超过了微软、谷歌，成为了全球市值最高的公司。乔布斯认为，一个优秀的产品，如果没有优秀的市场营销，就不能让广大的消费者认识到这款产品的迷人魅力。销售是市场营销链条里非常重要的一环，乔布斯不仅对产品的细节追求完美，也认可销售的价值。

作为公司最大的头儿，乔布斯始终冲在销售的第一线，不吝亲自向客户推销自己公司新出的系列产品。

个人认为，没有必要一定要在产品和销售之间对立，也没有必要一定要舍弃哪一个。产品和销售，是成功的两个要素，缺一不可。好产品是成功的第一要素，而好销售则是它取得成功的必要辅助。

本书是我在多年讲授的销售团队管控课程的基础上写作而成的，目的很简单：与大家探讨如何管理一个销售团队才能使之成为创造高绩效的团队。我不想把它写得太学术化，那样可读性会很差，也许读者会越读越困，把它当安眠药使用。所以，我决定从一个高绩效销售团队的基因入手，通过简短好理解的一篇篇文章，来为大家抽丝剥茧，形成一本可供参考的销售团队管控的课外读物。

个人写作水平有限，有不足之处请各位读者指正。欢迎交流销售团队管控话题。

Email：shangf010@126.com

手机：13911239849

敬请关注新浪微博：尚丰营销。

第一章
树立领导权威

销售团队管理的本质 / 003

合格销售经理的特征 / 006

警惕销售管理中的"豆芽现象" / 014

理解团队管理与领导的区别 / 018

如何做好信息化时代的团队管理 / 022

规范管理者的思维与动作 / 026

第二章
理顺组织架构

优秀的组织 / 033

销售组织的设计 / 036

组织设计中的问题 / 041

销售人员的组织方法 / 048

组织团队推销 / 055

第三章
融入新鲜血液

何谓"天生的"销售人才 / 061

寻找"四力人才" / 065

把好试用期的"检验关" / 080

警惕"资深的"新人 / 084

如何培训你的员工 / 089

实现人才的有效复制 / 095

第四章
完善绩效考核

常见销售人员绩效策略比较 / 101
绩效管理与绩效考核的区别 / 110
如何设计绩效考核指标 / 114
如何用销售漏斗推动绩效完成 / 121

第五章
团队细节管理

如何降服"妖魔员工" / 129
偶尔护起下属的"短处" / 135
寻找团队成员的"自慢"心理 / 139
如何让自己的命令更有效 / 144

第六章
冲突化于无形

真的需要罢免他吗? / 153
做好对团队下属的针对性沟通工作 / 161
对离职员工的合理"挽留" / 169
如何召开有分歧的销售会议 / 174

第七章
打造激励机制

领导者的自我"磁力"提升 / 181
对团队成员的激励艺术 / 186
进行"非物质"激励的具体方法 / 197

SECRETS OF POWER SALES TEAM

第一章
树立领导权威

销售团队管理的本质

　　李维（化名）是我某次总裁培训班上的一名学员，他的公司经营的是灯具，虽不是第一阵营品牌，但在江浙地区还是小有名气的。他本人最初是某著名灯具企业里的一名小小销售员，负责江南地区经销商的开拓与维护。在工作中，他以浙江人特别敏锐的商业嗅觉判断灯具行业是个大有作为的行业。于是他筹措了50多万的创业资金，成立了一家小小的灯具加工厂，至今已经打拼了十多年，自己的品牌也进入了一些建材城，资产也逾千万。由于企业小，李维亲自担任销售团队的管理者，手下20多名渠道销售员都在他的直接管理下。

　　他有个苦恼，觉得自己就像是给这20多名销售员打工的。他经常会接到这样的要求："李总，这个客户搞不定呢，你飞过来一趟吧！""李总，你说的法子不灵呀，老张（经销商）不买账啊，你说该怎么办？"这样的情况几乎每天都在发生。他忙着到处救火，回家吃饭的次数一年也没有几回，老婆孩子对他都特别有意见。李维对我说："尚老师，你说怎么别人公司越多越大，生活也越来越悠闲，而我却相反呢？真想把厂子卖掉趁早退休呢！"

　　汪顺是一家民营上市公司的销售总监，职位已经够高。公司的产

品除了内销还有外贸。他几年前读了 MBA，职业理想是当中国第一代合格的职业经理人，能够靠科学规范的现代管理理念为公司培养建设出一支职业化的销售团队。可是，总公司虽然在中小板上市了，财务倒是规范了，但管理上还是民营那一套。每年的销售任务里有 30% 是戴在销售总监头上的，不允许分配给手下的销售人员。他每年都会纠结是把大客户捏在自己手里帮自己完成这 30% 的任务，还是把客户分配给有潜力的销售人员，培养销售人员的忠诚度和能力。另外，为了完成这 30% 的个人任务，他放到团队管理上的精力就少了许多，有几个不错的"苗子"就在他的疏忽中流失了，留下的人里也对他颇有微词，说他只知道自己做客户拿奖金根本不管手下人死活。

以上两个案例，代表了当今大多数销售团队管理者的困惑。什么是销售团队的管理者？第一，他只对团队的销售任务负责，不能同时肩负个人销售任务；第二，他不能让销售人员主导销售进程，他是销售团队的训练者、管理者，而不是超级销售。总之，一个合格的销售团队管理者，是靠管理团队来完成公司的营销目标。销售管理者有四个基本职责：选择团队成员，发展团队成员，管理团队，领导和奖励团队。

销售经理由于所处管理层的位置不同，从低到高可以分为三个层次。第一层，基层经理，主管某一个地区的销售工作，团队成员在一两个人到十来个人不等。第二层，中层经理，主管某一个或多个区域的销售工作，管理两个或更多的地区级团队，此时他需要通过直接管理基层销售经理来间接管理几十个或上百个一线销售人员。第三层，高层经理，负责全国或国际市场的整体销售，称为销售总监或销售副总，此时他的责任更大。

一个人顺着管理阶梯向上爬时，位置决定决策。在不同阶段，由于所处的位置不同，需要制定不同的决策。例如，基层经理主要处理日常事务，他们的决策是战术性的。他们的工作要求更多地与销售人员进行面对面的交流，安排销售人员的每日拜访计划，考核他们完成业务的指标，对他们的工作业绩作出具体的评价和指导，甚至亲自跟随销售人员去拜访客户。他只需要按照公司下达的指令行事。产品为什么这样定价，渠道的架构为什么这么设置，为什么给他配备5名销售员，为什么制定这样的促销政策，销售员的提成为什么是3%而不是10%……这些都不需要基层经理参与制定，他只要执行就可以了。

当某人从基层经理被提升为区域经理，工作性质就变了。尽管区域经理仍然得熟悉单个销售人员的日常工作，但他需要从更高的层面上考虑问题，而且要学好如何管理"经理"，这和直接管理销售人员是不一样的管理技能。因为他再也不能直接找到那个销售员去手把手地指导，他只能通过对基层经理的管理而去间接地影响一线销售人员的行为。区域经理的决策不再仅仅是战术性的工作，而是承担了战略性的工作。例如，他有权力参与讨论公司的销售政策，制定区域的销售计划，研究市场信息，根据市场占有率、销售盈利率等指标，提出渠道是否调整、价格是否调整的合理化建议等。

当一个人做到高层经理时，他需要再一次进行心态和管理技能的调整。高层经理必须能够从战略性角度出发，准确地把握经营活动的方向，并且能够在其权限范围内，建立适用于各个不同业务小组的方案与规则。一家企业主管营销的副总，往往能够决定企业进入哪个市场，退出哪个市场，哪些地区建立分公司直营，哪些地区招募代理商等等重大战略决策。

合格销售经理的特征

作为一个团队的中层管理者,销售经理是连接企业营销战略与一线实施环节的重要纽带。销售经理管理的成败直接关系着企业营销战略的成败。

很多基层销售人员认为做一个合格的销售经理是一件很容易的事,如果你也这样想那就大错特错了。正如销售本身一样:销售并不是件轻松的工作,不是任何人都适合做销售工作。做一个合格的销售员不容易,做一个合格的销售经理就更不容易。

常听到一些老总这样抱怨:"我有一个超级销售员,非常能干,每次都超额完成任务,可当我把他提升为销售经理时,看到的是他每天加班加点地干,忙得不可开交,但整个销售部门的业绩却不升反降,这真是让人头疼的问题。"

事实上,很多销售经理都面临这样的问题。新销售经理上任没多久,手下的人纷纷离职;销售经理自己完成了大部分的销售任务,经理忙得四脚朝天,销售员没什么事干,整体业绩下滑;公司内各部门之间开始不断地指责和抱怨……这些都是因为新任的销售经理出了问题!

第一章
树立领导权威

程宁以前是一家食品公司的销售员，他负责的东北区域销售收入连续3年超过东北总收入的30%，是公司的超级销售明星。后来，在东北区域经理离职之后，他顺理成章地成了东北区域销售经理。

事情并没有想象的那样简单。程宁升为东北区域销售经理后，整个东北区域的销售业绩不升反降。他在参加我的培训会时跟我抱怨道："我平时要抽出大部分时间来管理下面的员工，所以原来的区域就不能全面照顾了；而手下的员工问题也特别多，不是这儿有问题，就是那儿有错误，还不断有人辞职。这些人怎么都这样呢？"我笑着说："这是你自己的问题，你本身连招聘、培训和日常管理这些都已捉襟见肘了，还想提升公司的业绩，哪还有那么多的精力。"

其实，像他们公司这种情况已经是很普遍了，不只是东北区域，还有南方很多区域都发生过类似的情况——那些从超级销售人员成长起来的销售经理好像天生就不能被委以重任一样，他们手下的员工流失率都相当高。其实在程宁任销售经理之前，其他区域的销售经理一样要花大量的时间去维护自己的团队。可要命的是，他们大都只会救火，却不知道怎么去从根本上来预防问题的发生，导致销售人员大量辞职，公司整体业绩下降。

其实，做一个合格的销售经理并不因为你是超级销售就会让事情变得简单。我身边有很多做销售经理的朋友，在回顾自己过去的经历时，他们发现想要成为一个优秀的销售经理要付出巨大的努力。对于他们来说，表面上的辉煌令很多人艳羡不已，但是自己的苦只有自己知道。

那么，如何成为一个合格的销售经理呢？你就要具备一些使你管控好销售团队的特质，这些特质包括：

第一，让下属感觉"可预期"——下属需要知道上级领导的要求是什么

我经常发现这样的事：很多销售经理对属下讲话时，经常会说："努力干，完成得好，公司给你奖励，加油。"这时员工就很郁闷，因为他自己也不知道做到什么程度才算好。所以说很多经理不知道如何把话与员工讲清楚。他不了解员工如果不知道经理的预期目标，就会像个无头苍蝇一样乱撞。所以说销售经理一定要有很强的方向感。

为下属定下其任务与目标，可以说是合格销售经理的一项重要工作；也只有具备了明确的目标，员工才能找到努力的方向。因此，你在和员工讲话时，要让他们知道你的要求，要让团队全神贯注于既定的目标。

第二，做好团队"服务兵"——管理者需具备差异化服务意识，与下属配合解决问题

俗话说："带人如带兵，带兵要带心。"管理者只有真正关心下属，才能赢得下属真正的信任和忠诚，才能高效、高质量地完成工作。管理者如何关心好下属，做好团队的"服务兵"呢？

1. 需具备差异化服务意识

这么多年我带过各式各样的团队，小的团队有几个人，大的团队上百人。在带团队的过程中，我发现所有的员工都喜欢这样的管理者——就是他的管理风格、管理手段、管理方法和上一任不大一样。那些想干出一番业绩的员工，最没法接受的就是上级管理者管理方式、管理手段的平庸。这时你只要做得比以往的管理者在某些细节方面好一点点，就基本可以了，不需要有多高的格局，因为所有的员工只看那一点点。

2. 与下属配合解决问题

一家汽车配件公司通过经销商分销，小李是这家公司的销售代表。随着市场竞争越来越激烈，经销商要求小李的公司把批发价降低，而且这个经销商直接给小李的销售经理打了电话，并威胁说如果他们公司不降价，就从他们竞争对手那里进货。

这时，小李的销售经理首先向小李了解情况和他的想法。小李认为现在市场竞争的确很激烈，经销商利润也确实减少了很多。他也想到了向经理请示是否给这个经销商让利，但又担心如果给这个经销商让利，可能会影响到其他经销商的批发价，所以迟迟没有给他降价。这个销售经理决定先去探探经销商的虚实，回来再和小李商量对策。

第二天，这个销售经理到经销商所在地考察了一番，情形确实如小李所说。这位经理告诉经销商，是否给他下调批发价，还是请他和小李商谈。因为小李是公司的优秀销售代表，也非常有能力，是公司特意安排和他们这些大经销商共事的。

回到公司后，俩人最后都认定降价已势在必行，于是经理给了小李价格下调10个百分点的底线，让他和经销商谈判。小李最终和经销商达成两项共识：一是公司在原批发价基础上，再让7个百分点；二是经销商承诺不经营其他厂家的同类产品，并确保销量继续增长。这位经销商对小李下调的价格感到非常满意，认为小李很会做事。小李也很有成就感，他感到经理只是给了他一个"政策"，他凭自己的能力把这件事解决了。

小李的销售经理非常聪明，他并没有直接介入小李的业务，即使经销商打电话希望他干预。他给经销商一个明确的界限：我是小李的领导，了解情况是我的责任，至于降价之事，到底怎么办，还需要销售代表小李来解决，具体的业务我不介入。

在这里，小李的经理和小李配合得非常好：销售经理没有直接插手

小李的业务，还找了个台阶让客户感觉很爽，感觉能够接受，同时还帮助小李完成了任务；而小李呢，既感谢领导，又展示了自己的能力。两个人合唱了一出完美的双簧。

第三，言必施，行必果——管理者说话有信用，做事要果断

销售经理必须做到"言必信，行必果"，这样才能给下属以信任感，让他觉得这样的领导是值得跟随的。反之，总喜欢为下属开"空头支票"的领导，再三失信，必然会引起团队成员的不满，让下属失去信任。

所谓讲信用是指一个销售人员会根据我们的所作所为来判断我们是否值得信任。信任意味着销售人员不会对我们说的话做其他的猜测，他们会非常信赖我们。信任不是我们对手下的销售人员下达了什么命令，而是我们在没有人看到的情况下做了什么。比如说，我们自己制定了规章制度，就要带头遵守，而且要自觉，这不是给手下员工看的。

销售经理作为销售团队的领导者，是销售的决策者，一定要避免"马后炮"，要做事果断。

古代有一位名叫布理丹的寓言家，他有一只聪明的小毛驴。有一天它去寻找食物，突然发现两堆相距10英尺的柴草，在它左边是一大堆的干草，在它右边是散发着芳香气味、缀满露珠的嫩草。小毛驴很高兴，它先奔向大堆的干草，但同时又想：我在吃干草的时候那边的嫩草被别的驴子吃了的话，我岂不是尝不着新鲜的了？不是很可惜吗？我先去吃那边的嫩草好了。

于是，它又来到缀满露珠、散发着芳香气味的嫩草旁边。刚想吃，它又想：这嫩草确实很好吃，可太少了，吃嫩草的时候那边大堆的干草被别的驴子吃掉岂不是要挨饿吗？那我还是先去吃干草。于是它放弃了嫩草又跑到干草堆。刚想吃干草又回来要吃嫩草，刚想吃嫩草又跑回来吃干草……小毛驴如此往复地徘徊于干草和嫩草之间，最终饿死在途中。

你会嘲笑小毛驴太愚蠢、太可笑了。但拿出小毛驴的故事，我们笑过之后需要深思：美味在前，为什么小毛驴会饿死？探其背后失误的原因，这涉及判断和决策的问题。

销售经理掌握着比销售下属更多的市场信息，也更有销售实践经验，所以他的判断和决策才能比销售下属更加科学。对于销售下属难以决定的许多销售问题，销售经理可以凭自己掌握的信息和经验，在与下属共同分析的同时果断决策，千万不要做那只"小毛驴"。

第四，理解授权——从授能到授责到授权，让60向"+20"转变，让"-20"自动离开

销售经理要给下属施展抱负、展现才能的空间。销售经理善于授权可以收到事半功倍的效果，对组织绩效、个人绩效的提高均是有益的。可以说，成功的授权是有效管理，成功的授权可以提高执行力。

现在我们的团队成员可以按照"60/20/20"法则进行分配，就是一个销售团队里有20%是销售精英，这是为我们创造最大价值的部分；60%是比较普通的员工；还有20%是随时可能被公司开除的人，要流失掉的。但现在一些销售团队有一个不好的发展趋势，就是60%那批比较普通的员工在向20%随时要被开除的员工靠拢，这是一件让人担心的事情。这时怎么办呢？那就是最大化授权的同时要把责任分下去，让60%的普通员工向20%优秀的员工去靠拢和转变。

第五，协助下属成长——他好你才好，不然大家一起慢慢变老

如果你想培养一个人，你要让其去立功。如何去立功？就是要建立威信。

我们知道，历史上皇宫里的竞争是比较激烈的，而皇宫中最惨的一个人就是太子。几乎所有人都要打击他，所有人都想把他废了，有的时候连兄弟姐妹看他都不顺眼。这时皇上就会对太子严格要求。皇上通常会把最苦、最困难的事情交给太子去做。为什么这么做？因为太子以后要继承大统，继承大统之前就一定要把功劳立好，以树立威信。

除了立功之外，还要立德和立言。古代管理者尚且如此，何况是我们现代化的科技社会呢！

第六，拥有共同的价值观——可以营造团队中的归属情感与文化情感

要营造一种团队中的归属情感和文化情感，管理者就要有自己独特的文化。比如说，在知名品牌工作，不是说某某品牌的员工，他会说我是某某人。海尔公司的员工会说自己是海尔人，联想公司里的员工称自己为联想人。员工说我就是这圈子里的一员，这就是一种文化。而文化不是短时间之内可以沉淀下来的，也不是所有的公司、所有团队都有文化。

作为管理者一定要有独特的能力来创造、融合、管理文化。让企业价值观得到员工的广泛认同，使企业中的每一名成员产生归属情感与文化情感，进而产生使命感。

第七，广听下属建言——行家一出手，才知有没有

对于一个销售团队来说，员工不讲话，销售经理天天在那讲，是一种不正常的景象，而且员工不讲话，销售经理不知道员工的能力停留在哪个层面上。

因此，销售经理要保持海纳百川、有容乃大的心态。听别人的意见，尤其要听下属的意见，这并不只是代表销售经理的格局很大，还代表着销售经理能够容纳每一个人，知道怎么样让他们适得其所。假如说员工的能力从 10 分到 100 分分开，销售经理想知道员工处于哪个层次上，他就要千方百计地问他的想法、他的建议。他表达清楚了，销售经理才可以评价他的能力在哪个档次上。如果他是 20 分，很低，这个时候销售经理才知道该如何去训练他，如何去培训他，如何去指导他。

警惕销售管理中的"豆芽现象"

大家都吃过豆芽，豆芽的生长速度特别快，一个晚上就能长很长，而且从表面上看起来既壮硕又饱满。但是，豆芽外皮却十分脆弱，内在纤维含量也不高。豆芽之所以可以在短期内长长，并非内里坚实，而是充斥大量水分的原因，一遇到外力就很容易折断。这种现象同样存在于销售团队中。一方面是很多管理者对新人培养上盲目乐观，只培养下属的"形"，而不关注内在修养。另一方面某些管理者上任以后，自己只注意往上爬，而忽略了自身能力的提升。这种现象就是联强国际集团总裁兼执行长杜书伍先生提出的"豆芽现象"。

随着信息科技时代的来临，事物的变化也越来越快。个人与组织因受外界环境的影响，只追求短期绩效而忽略实质内涵的"豆芽现象"比比皆是。这是值得每个管理者警惕的现象。

我们先来看第一种"豆芽现象"。很多管理者对新入行的销售人员在人才培养上只做表面文章，使得很多新人只掌握了销售的"形"。这时管理者片面地认为："这些足够他们用的了。"表面上看，销售人员可能学到了很多，但真正深挖的时候，他们就不会了，因为他们只学到销售的"常识"。这就涉及了"常识"和"知识"的区别。

我们说80%的那叫常识，真正的专业在于剩下的20%，这才是知识。

有一个在网上流传了很久的故事：一位老工程师从业三十多年，技术精湛，他对本公司的机器及产品了如指掌，后来他从这家公司退休了。有一次，该公司有一套机器出现了问题，全公司没人能修好。没办法，该公司又把这位退休的工程师找了回来。

这位工程师仔细研究了一会儿后，就用粉笔在机器的某个零件上画了一个叉，说："问题在这儿。"后来，公司把零件换了，机器果然能正常运转了。临走时，这位退休工程师给公司一个收费单。公司老板一看就火大了，这么点小问题就要10万元，简直是疯了。这位退休工程师回答："粉笔，1元，知道在哪里画叉，99 999元。"

这个故事告诉我们，在某个行业里，懂80%那不叫"知识"，而叫"常识"，因为大家都懂那80%。真正的专业在剩下的20%里，那才是真正的"知识"。当然，从"常识"到"知识"这一过程是需要经历一段漫长时间的浸泡与思考的。

"豆芽现象"告诉我们，不管外表多么饱满，内里如果不结实，那就是常识，而不是真正的知识。因此，作为管理者，一定要注意修炼新人的内功，招式要得再好看，如果没有内功，也只是花拳绣腿。

我们再来看第二种豆芽现象。很多销售明星从基层升职后，就急着想再往上爬，不再过问基层业务了。时间久了，自己的能力退化了，越来越不能服众。这同样也是犯了"豆芽现象"的毛病。

在一个销售团队里，作为奖赏，公司会将一些优秀的销售人员升为销售经理。但这样做，公司往往会失去一个优秀的销售人员，却增添一个蹩脚的销售经理。为什么会这样呢？因为优秀的销售人员并不一定能成为优秀的销售经理。不要认为职位提升了就说明有做销售经理的能力。想要成为一个合格的销售经理，就要想办法提升自己内在的修养。

我曾经认识一个名叫陈浩的优秀销售人员，他在公司里干了十多年，公司里都认为他是一个高效率的销售明星。陈浩非常善于交际，而且常想客户之所想，很多客户都愿意和他打交道。就因为这样他很郁闷，因为他的很多同事工龄比他短，工作也没有他出色，却被提升为销售经理，而他还是一个普通的销售员。他为此感到不公平。

不久，公司有一个销售经理获提升，他原来那个岗位正好出现空缺，一时找不到合适的人。陈浩见机会来了，就向老板申请这个职位。老板本来一直想提升他，可是又觉得他不太成熟，所以一直在考虑这个问题。眼下这个职位又没有合适的人选，就让他去了。

就这样，陈浩高高兴兴地来到了新厂，可是到了那里他傻眼了。因为他对当销售经理一窍不通，对职责两眼一摸黑儿。他没有自学相关知识，就那样一直凭自己的理解干了6个月。结果，销售量逐日下跌，陈浩束手无策。他没有去寻找病根，只是头痛医头，脚痛医脚。他开始在销售区域里跑来跑去，不停地去和其他销售人员一起工作，累得筋疲力尽，但销售情况也不见好转。6个月后，既定目标和实际销售之间差距很大，陈浩只得被另派工作。

上述这种"豆芽现象"说明：那些快速成长的事物往往是以牺牲质量和内涵为代价的。

"豆芽现象"值得团队管理者们认真思考。销售工作中，很多优秀的销售精英可能一直抱怨没有机会提升，而手握提升大权的销售团队管理层负责人，必须首先确认这个精英是否内核与外壳同样坚实。一粒无

第一章
树立领导权威

法做到表里如一的种子，是很难在更新一层的土壤环境中迎难生长的。而这样提升起来的销售团队负责人自然也无法担当重任，更谈不上树立威信。

仔细分析个中原因，多是因为销售团队成员普遍年轻化，而销售行业本身的高速发展恰恰又给团队和个人带来很大的成长压力。被揠苗助长的销售团队管理新人，有的可能是产品销售精英，但团队管理和人际沟通等软技能欠缺；有的可能本身还不具备相应岗位的能力，只是迫于企业快速发展的要求，被推到了前线。陈浩的例子就是这两方面原因的综合体现。

总之，在销售团队的发展中，管理层必须时刻警惕"豆芽现象"的产生，它一方面对提升的个人带来了尴尬的成长危机，另一方面对团队整体的协调发展带来更大障碍。如何在既定的销售状态下，辅助新的团队管理者努力胜任和适应新岗位的挑战，是需要当事人与管理层双方共同努力的，必须相互协调，才能防止销售团队在整体发展的过程中出现某些环节断裂的现象。

理解团队管理与领导的区别

我身边有很多人片面地认为,管理和领导是同一个概念,好像领导过程就是管理过程,两者之间没有什么明确的界限。其实,这样想是不对的,管理和领导是两个不同的概念,两者既有联系又有区别。

我先说说领导,一个国家有国家的领导者,一个企业有企业的领导者,一个军队有军队的领导者,就是两伙小孩子打架,各自也有各自的"领导者"。从专业的角度来说,领导就是率领和引导手下人朝着一定的方向前进。从科学的角度说,领导是一种行为过程。

俗话说:"火车跑得快,全靠车头带。"一个团队要强大起来,领导者必须具备一定的领导能力。"一头狮子带领一群绵羊"和"一只绵羊带领一群狮子"的结果是不一样的。《亮剑》中像"野狼"一样的团长李云龙具有非常出色的领导能力,他把原本并不出色的弟兄带成了精兵强将。而一个平庸的领导人,只会将下面的人全部变为平庸者。因此,销售团队领导者的管理艺术、技巧、专业技能、性格、人格魅力是一个团队是否有战斗力的关键。

什么是管理呢?我们可以把管理分开来解释:管是管辖,理是治理。所谓管理就是为了实现团队的预期目标,以人为中心进行的协调活动，其目的是效率和效益。但是，在销售团队中真正能做到人尽其才、物尽其用的管理并不是一件容易的事，这需要管理者具有很高的管理水平。然而考量管理者并不是简单地以制度为标准，它更多考量的是管理者对事情的判断力和对周围人的影响力，也就是我们所说的领导力。因此，要提升管理者的领导能力就首先应该转变管理者思维方式，理解管理与领导的区别。

第一，管理强调的是执行团队计划，领导强调的是建立团队愿景

管理强调的是执行团队的计划。我们知道，实现组织目标任务，需要将任务分配给不同部门、不同职位的成员，并通过综合把不同成员、不同部门的工作整合为一个有机体，以便有序地实现目标任务。组织目标任务如何分配，通过什么活动来完成，由谁来承担具体任务，这些都必须通过计划来完成。而管理正是通过计划给组织在重要领域带来预见性结果的方式。

领导则主要是确定方向与愿景、协调关系和激励员工，并坚持做正确的事情，以及打破陈规而着力变革，就好像《西游记》团队里的唐僧一样，无论遇到任何艰难险阻，碰到什么妖魔鬼怪，他的目标都非常坚定，那就是指引着他的团队毫不动摇地向西！向西！再向西！当手下人在实施营销方案的过程中偏离了主航道时，领导者必须能够第一时间把住舵盘，控制局势，及时解决问题，确保航船在撞到暗礁前能顺利驶回正确的方向。这是领导者需要干的活儿。

举个简单的例子来说明一下：有一个团队去执行一项任务，比如说是到一片森林里面去伐木，管理者在里面担任的角色是制订计划，指挥下面的人如何去伐木，如何提高效率，监督员工工作是否认真、努力；而领导者，他的位置不一样，他高高地站在山顶，时刻看着这一大片

森林，看的是全局，下面的人怎么工作，他是不关心的，也不会去关心。他关心的是时刻盯着这片森林，盯着大局，指示下面的管理者应该向森林的哪个方向前进，应该向哪个方向伐木才是正确的！

第二，管理针对于事，领导关注于人，强调对人的吸引力

管理和领导的区别还在于，一个对事，一个对人。管理是侧重于"事"的工作，通过将企业各类事务标准化、制度化、规范化和程序化，从而建立稳定而连续的企业经营秩序。

管理通常是整合各种资源借助各种手段来达到既定的目标，注重做事，把事情做得既有效果又有效率，也就是我们常说的又快又好；同时又比较注意细节、手段、技术的应用。

有一个故事是这样的：有一天动物园的袋鼠全都从笼子里跑出来了，于是动物园里的管理者开会讨论，最后大家认为是因为围墙太低了，于是派人把围墙加高。结果第二天袋鼠又跑出来了。动物园里的管理者们决定将围墙再加高。结果，第三天袋鼠还是跑了出来。于是管理者们决定把围墙再加高，这回足够高了。这时，几只袋鼠在一起闲聊。一只袋鼠说："你们看，他们会不会再继续加高我们的围墙？""很难说，"另一只袋鼠说，"如果他们再继续忘记关门的话。"

事有本末与轻重缓急，关门是本，加高围墙是末，舍本而逐末，当然找不到问题的根源了。由此可见，管理应该分清事情的本末、轻重缓急。

而领导通常是侧重于"人"的工作，通过选人、用人、育人、留人，打造一支具有凝聚力、创造力和战斗力的团队。如果一个领导者自己凡事亲力亲为，也就等于是把自己降为一个普通的管理者，因此起不到领导

第一章 树立领导权威

人的作用，也会引起整个管理体系的混乱，就会导致整个团队走向衰败。

第三，管理者的权力来自职位，领导者的权力来自影响

从本质上说，管理者的权力来自职位。因为管理是建立在合法的职位权力基础上对下属的行为进行指挥的过程。下属必须服从管理者的命令，但下属在工作过程中可能尽自己最大的努力，也可能会出工不出力。

而领导者的权力来自影响。领导更多的是建立在个人影响权和专长权以及模范作用的基础上影响手下的行为。从本质上说，领导是一种影响力，或者说是对手下施加影响的过程，这种影响或通过这个影响过程可以使手下自觉地为实现组织目标而努力工作。

在中国做市场，尤其做销售团队，大的公司靠制度，而小的公司一定要靠这个公司管理者的个人魅力。只有这样，这个团队才会真正成型。如何成型的关键，就是要把所听到的一系列的东西实施、操作，这样自己会成长更快。

虽然领导与管理之间存在诸多区别，但也并非泾渭分明，而是相互渗透的。也就是说，二者有区别，但也有一定的联系。如果说一个团队只有领导没有管理，或只有管理没有领导，都是不成立的。领导离不开管理，否则领导的目标就不能实现；管理离不开领导，否则管理就没有行动方向。

领导与管理的最终目的都是为了团队的生存与发展。它们具有高度的互补性、相容性和复合性。领导的目的是推动团队变革，适应外部环境变化，以便使团队的目标任务能更好地满足未来社会的需要。而管理的目的是维持团队的秩序，确保团队的功能，使团队能够提供外部环境需要的服务。因而从目的上说，领导和管理是一致的，在团队运行中是相互联系的。

如何做好信息化时代的团队管理

一家成立八年的新型家庭保健用品的公司，总经理每天从早到晚与直销店的促销员开会沟通，对新人集体培训；行政经理除了本职行政工作外，还兼职督促配货流程，甚至制作尾款结算动态表的工作；年迈的老人打着哈欠守候在仓库门口的执勤室里；每逢周末、月末、季末、年末，按部就班召开主管级会议，会上有人照本宣科地发言、总结和记录。一切似乎运转正常却又显得是在敷衍了事。

身为团队主管人员，你是否也处在这样的工作氛围中呢？

随着销售团队的成长与企业经营规模的扩大，管理的难度也随之加大。这时，摆在团队管理者面前的问题出现了：一个销售人员需要处理销售难题、客户关系需要找谁，处理的进度、结果如何？身为销售经理需要及时了解总公司的哪些信息、资讯？A不能处理工作的时候，由B还是C来处理？是否权限过界？处理后的最终结果是否记录在案？确定是否已经审阅？新的销售人员上岗，职责业务不明，找谁沟通？老员工离职后，原工作由谁接手……

咨询研究后我们发现，60%的企业销售团队的领导者本身能力非常强，但中层和基层的力量却非常薄弱。销售团队领导者发出的指示传达到基层，普通销售人员思想认识上不一致，造成执行效果很差。结果：

1. 处于学步期的销售团队：整个销售组织的效率一定是靠少数能人以极强的管控能力驱动起来的。由于员工的低执行性，此时的销售团队管理者未必做着管理的事情，也许正"客串"着一位业务好手的角色。

2. 处于成长期的销售团队：挣扎求存的时期已经过去，团队的领导者反而会对团队管理感到茫然，因为他不知道如何才能"脱身事外"。这种情况下，团队最需要解决的问题是延续以前的"强执行力"。此时需要建立销售管理工作流程：由原始的工作流程向先进的管理流程转变。

信息化的时代，一个高效团队如何更加有效运营，是个关键问题。传统的团队管理手段已经不能跟上团队的发展速度，此时，必然会出现营销战略模糊、营销执行力不足等状况，这样的团队正面临着成长的瓶颈。

随着信息化时代的到来，利用先进的管理工具实现信息化管理是必然举措，否则，上述问题必将成为扼杀团队成长力的隐形杀手。此时，OA（OA：Office Automation）销售办公系统对传统办公方式的变革，适应了人们的普遍需求，也顺应了技术发展的潮流，自然成为各销售组织普遍应用的现代管理工具。

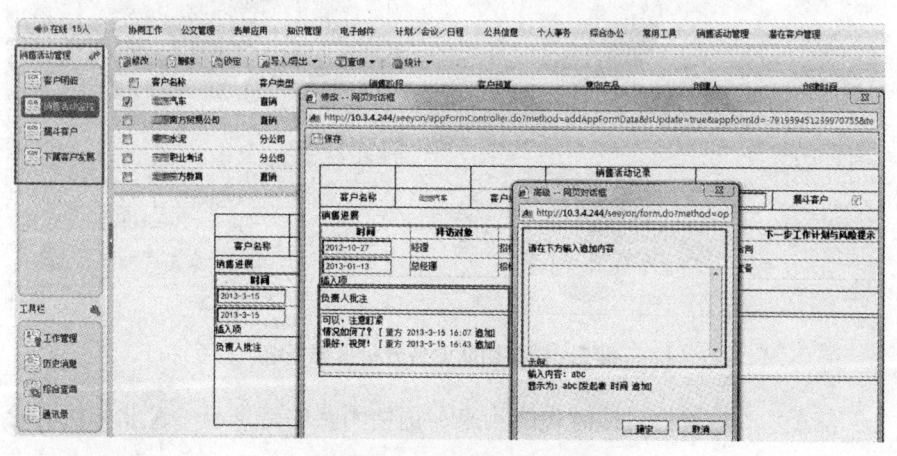

图一：销售团队业务信息管理系统

如图一：通过销售团队业务信息管理系统，销售人员可以随时录入客户信息并登记新的销售活动；销售部经理可以随时查看并指导下属的销售活动；销售总监也可以宏观查看客户的各区域分布情况。

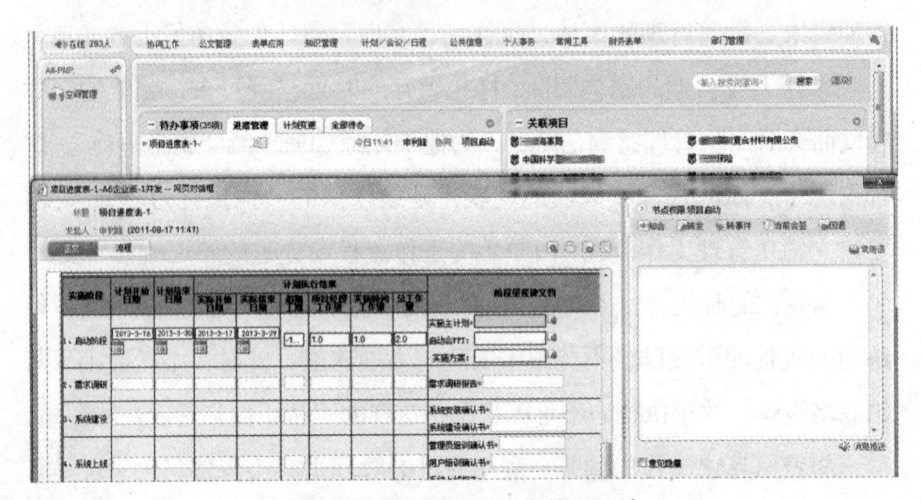

图二：销售团队业务进度管理系统

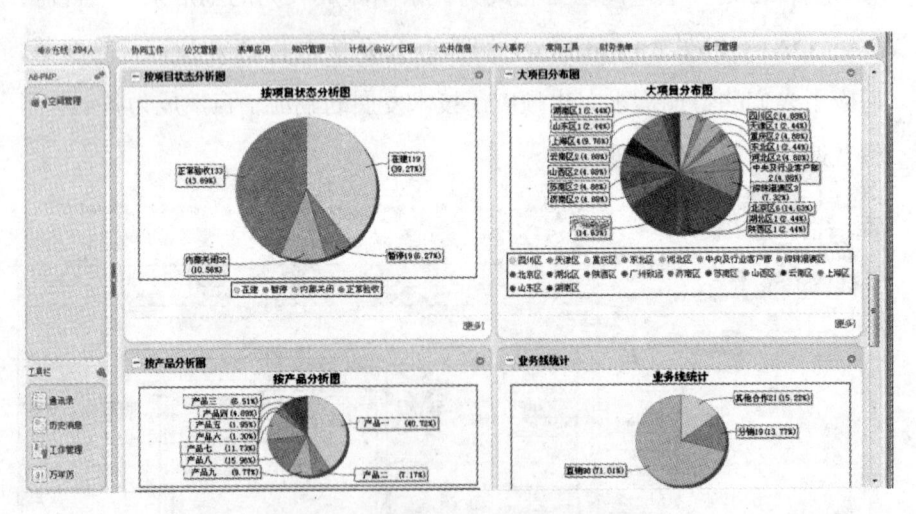

图三：销售团队业务分析管理系统

总之，随着信息化时代的到来，销售团队的管理与OA业务协同管理系统相辅相成，通过业务协同最终能够实现：

1. 通过与组织强关联的即时通讯系统建立跨地域的沟通平台。

2. 通过建立销售团队的协同管理系统，让下属执行力得到强力提升。

3. 通过下属每天记录的工作日志与业务进展，管理者无论身在何处都可以随时了解下属在市场上碰到的问题，及时下达命令或进行调整。

4. 以"领导强力管控"为核心，精确控制、监督下属的营销行为，逐渐建立团队的规范流程。

5. 用规范化流程去推动业务的良性开展。用制度去管理，避免用关系去协调。

信息化时代，销售团队的管理如果能够紧跟时代步伐，将人与科技的力量充分结合，必将为团队的管理工作带来更有成效的提升。那种团队成员拿着各种文件、申请单据跑来跑去等候审批、签字的情况将不复存在，这些工作都可在网络上进行。

同时，针对团队发展中出现的问题，具体环节具体人员，管理者都能做到全面掌控，因此能够最大程度地减少差错，有效降低办公消耗。

规范管理者的思维与动作

多数销售团队管理者曾经都是一名优秀的销售能手，曾经的他习惯了单兵作战，因为只要保证自身的优秀，就可以完成令公司满意的销售额。可当作为一名销售团队的管理者，开始带兵打仗的时候，他就会发现并不是每个手下的兵将都能有自己这么强的销售素质与能力。单靠他个人的自觉性，是不能完成公司规定的销售任务的。此时，管理者的思维就得改变，由过去的销售人员思维转变到管理者思维上。

第一，思想自省化

管理者需要内视自己，每项工作或命令下达前，要使用"You/Me/How"的思维进行反思。

You：站在对方的立场上思考这件事的意义。

Me：站在自己的立场上思考这件事的意义。

How：自己要如何做才能圆满完成这项工作。

有一次在外地授课，课间休息时一名学员咨询我一个问题："尚老师，我为什么感觉我们公司销售团队的员工那么笨呢？"这个问题也问得我很郁闷，所以我问他："你作为团队的带领者，是如何把员工带到这么笨的呢？"我接下来解释道："作为一个销售团队的管理者，当发现员工很笨时，你先不要指责员工，而是要先自省。也就是说要思考自己究竟做了哪些事，让员工在你的带领下变成了今天的样子。"

首先是 You，看一下员工，他做的哪些事让我们接受不了；其次是 Me，思考一下自己作为管理者，我们自己是否也有问题；最终是 How，到底怎么做能让他后期的工作做得更加聪明、到位。并不是每个销售团队的管理者都具备这样的思维方式，但如果具备这样的思维方式一切都简单了，因为管理沟通就会很明朗了。

第二，问题手册化

太多的销售团队管理者忽视了销售案例与文本化材料的积累。

如何让团队成员面对市场时销售动作一致，在体现自身销售专业性的同时提升公司的品牌形象，避免给客户造成水泊梁山"忠义堂"的印象呢？其实答案很简单，作为销售团队管理者的我们需要随时根据市场变化与自身经验，为团队成员编制各式市场推广手册、有效沟通手册、问题处理手册、终端促销手册、后期服务手册。再有新进的员工时，几本手册直接发下去，告知他们员工手册上的问题与方法一周之内要全部弄懂，同样的问题不用再问管理者了。

这样做最大的好处就是，管理者可以最大化地把时间空出来做更有市场生产力的事情。而员工拿到这些手册后也会非常开心，因为这些都是"前辈"们经验的总结。销售人员有一个基本的心理思维，叫作"不知则不行"——我不是不想好好做，我是不知道如何做才能做好，这是

销售人员在心理层面上的障碍。没做过没有关系，我把"前辈"们怎么做的过程与结果都扔给你，你先学习一下，遇到某些棘手的问题或难缠的客户就按照手册里的方法做好就可以了。在实际的管理工作中，我发觉销售人员也非常接受这种管理方式。

第三，培训丰富化

培训丰富化的实施思路是引导团队下属自己主动学习。销售团队的培训非常多，大多集中在产品培训与技能培训上，但是此类培训的效果一直不是很好。究其原因是很多销售团队管理者在培训过程中大多采用"填鸭式教学"的方式：管理者讲，下属听。没有互动会使培训的效果大打折扣。在这里我为管理者们讲解一种非常简单有效的培训方式，那就是"辩论赛法"。

具体实施方法如下：把团队成员分为正方与反方两组成员，正方代表公司新上市的新款产品，反方代表对手新上市的新款产品，正方、反方各找论据，开始论证PK。正方的一辩站起来阐述公司新产品的优势是什么，市场推广亮点是什么，逼着反方一辩的人找出应对的方法；而此时反方一辩所表述的方法也许就是竞争对手应对的方法。此种"培训"方式不需要太长时间，一般半个小时即可。结果无论是正方胜利还是反方胜利，在辩论结束后对我方产品的优劣势、竞品的优劣势、竞品是如何应对我们企业产品的，我们企业应该如何应对竞品等等市场问题都会一清二楚。

只有在辩论的环境下才会有一种竞争的关系，只要存在竞争关系，我们就有一种想赢的冲动，只要有想赢的冲动，平时员工不动的大脑就会被迫地运转起来，最终达到了提升培训效果的目的。

第四，管理滚动化

如果把团队比喻成大海，那么团队里的成员就是大海里的一滴水。一滴水容易干涸，只有汇入大海，才能实现它的价值，展现它的力量。如果因为员工的业绩差，就把他开除了，他会像一滴水那样，干涸在某个角落。如果这个员工的慧根不是太弱，管理者可以进行滚动式管理，实施"TOP排行榜"方式，抓两头，放中间。

我所带的团队，如果超过30人，我就采用滚动式管理的方法。我们可以根据每个月，或每个季度，或每半年来给这批员工进行业务排榜，从第一名一直排到最后一名，然后取TOP10排行，前五名和后五名作为重点攻关对象。

前五名是团队里做得最好的员工，我们可以和他们沟通：为什么他们会做得很好，把他们的经验写下来，然后全体团队分享，以求提高；后五名是团队里做得最差的员工，不要轻易把他们pass掉，不要实行末位淘汰制，而是要帮他们分析原因，找出他们差在哪里。这样形成一种"抓两头，放中间"的形式，周而复始、滚动循环。如果每个月排一次榜，就会发现也许每个月前五名还是那五个人，而后五名的员工排名开始不断上升了。管理者要随时把最后、最差那几个人往上提升，这样团队凝聚力就会变得更强。

第五，思想引导化

一个员工只有在对管理者信任的情况下，才会去主动思考问题的解决方法。不要认为员工没有我们聪明，有些员工依赖性特别强，所以要随时进行思想引导。

怎么进行思想引导呢？比如说，你刚从外面回到公司，这时过来

一个员工说:"经理,我有些问题真的解决不了,您能不能给我一些建议?"你和很多管理者一样,会说:"今天我很忙,你明天下午过来吧。"结果,第二天下午这个员工准时敲门进来了:"经理,您说好的今天聊,您想好了吗?"这时你是不是很无奈,你会随口说:"今天我也很忙,你明天下午三点再来。"这个员工扶着门把手,转身回头和你说:"经理你说好明天下午三点钟的!"很多管理者就是这样被员工逼疯的。

比较合理的解决方式是先做思想引导。我们可以这样说:"小王,这个事情我现在没有时间处理,明天下午你到我的办公室来详细谈。来之前你自己先好好思考一下,明天下午我先听下你的建议。"然后,这个员工熬红双眼熬出三套方案来,第二天的下午拿来找我们看。他自己可能很有底气,他认为第一套方案比较好一点。我们作为管理者该怎么办?这时最好的办法是挑问题——当然不是故意刁难员工——是真挑毛病。当我们把每个操作方案中可能出现的问题都预先找出来后,这个员工会心服口服——自己一晚上都没有看出来,经理不到3分钟就看得一清二楚。

最后,我们需要把三套方案整合,融入自己的想法后询问他,是不是这个样子更好一些呢。这个员工会觉得不错。这时我们再和他讲,如果按照此方案你到底怎么做。3分钟的沟通结束以后,方案基本都讨论清楚了,第一步、第二步、第三步怎么做。最终我们会告诉这个员工:就按你说的办。这个员工会非常开心,因为他认为这个问题是自己解决的。这就是管理者的教练价值。

SECRETS OF POWER SALES TEAM

第二章
理顺组织架构

优秀的组织

狭义上所讲的组织是指人们为了实现一定的目标，互相协作结合而成的集体或团体。而作为企业的销售组织是指企业的销售部门，它使得构成企业销售能力的人、商品、资金、情报信息等各种要素得到充分利用和发挥，是企业销售战略的重要内容，是确保销售工作高效完成的前提。因此，一个企业的销售组织架构是否优秀、适宜，直接关系着企业整体营销战略的成败。

那么，一个优秀的销售组织需要具备哪些基本要素呢？

第一，一个优秀组织的领导者应具备领袖精神和领导才能

一个优秀的领导会带出一个优秀的团队。作为一个领导者，或者你要有足够的知识和技能，来领导组织、鼓舞士气；或者你要能够清晰地表述你的想法、愿景、战略和指示；或者你要能够倾听各级员工的各种想法。总之，作为一个组织中的领导，你需要有一方面或多方面的能力让你的下属信服，他们才会跟着你打江山。

大家都知道《三国演义》中的刘备并不是武功多么高强的人，但为什么曹操总想把他挖过去呢？为什么后来有那么多人愿意追随他呢？

刘备之所以从一个编草席卖草鞋的平民成长为一方霸主，是因为他高超的领导艺术。他在尊贤礼士、以情感人、知人善任、大胆放权、用人不疑、体谅包容等方面都有独到之处，达到了用心治人、驾轻就熟的境界。很多英雄都是看中了这些才愿意追随刘备的。

第二，一个优秀的组织应该是一个成长型的组织

一个优秀的销售组织要表现出很强的增长潜力，尤其在收入的增加、成长机会的增多、业内影响力的不断扩大等方面。这个组织在市场、服务和产品开发等方面的发展定位也要合理。

当初诸葛亮为什么看中刘备了呢？就是因为他看出刘备的组织有很大的可成长空间：一方面这个组织的领导刘备自身有皇室血统；另一方面诸葛亮也看出了刘备这个组织虽小，但是里面有很多优秀人才；而且领导者既有很大的野心，同时对人也不错，可以放下架子，三次亲自前来请自己出山。因此，未来一定会有很大的成长空间。

第三，一个优秀的组织应该提供可持续成长和发展的机会

组织不断地成长，个人才会有可持续成长的机会。组织应该给予员工成长的机会，鼓励和支持他们提高技能，实现个人发展的目标。经理人负有帮助员工提高工作效率、帮助员工发展的义务。组织平时应多提供各种内部的、外部的教育和培训机会。

1. 一个优秀的组织要能够顺畅地、自由地进行沟通

通过一个开放的沟通平台信息顺畅地在组织内上下流动或跨部门流动，组织成员就能够方便地获得他们所需的与工作相关的信息。

2. 一个优秀的组织要有明确的任务和期望

组织在任务、责任、业绩、努力程度和奖赏等方面，应该有着明

确的规定，即组织成员应该付出什么；基于这种付出，他可以得到什么；该项规定的有效时间有多长。如果组织成员不能达到组织的期望，组织会及时给予明确的反馈和指导，同时创造机会帮助他们更好地达到组织的期望。

3. 一个优秀的组织能为员工提供优厚的收益

组织成员通过不断努力能够得到相应的承认和奖励，比如，有竞争力的薪酬、升职以及其他方面的报酬。

4. 一个优秀的组织其成员应该亲如一家人

作为组织的一员，员工要有荣誉感，要和其他成员亲如一家。组织平时还要兼顾员工的工作和生活，使得组织成员有时间和精力处理工作以外的事情，而不至于过分劳累而影响工作。

最后，我要说的是，不论按照哪一种原则来建立销售组织，销售经理都必须注意：组织形式是否能保障有效地开展销售工作；机构中的、各个岗位是否能够有效地协调和配合，为顾客提供最好的服务，为企业带来最大的销售效益。

对一个企业而言，建立一个高效率的销售组织体系是确保销售业务高效运转的前提。

销售组织的设计

随着经济全球化的推进和竞争的日益加剧,企业面对的市场环境越来越复杂多变,要想保持竞争优势,必须适时调整组织结构,使其能够对环境迅速作出反应。

设计一个高效的销售组织体系,是确保销售业务高效运转的前提。从实践上看,很多公司的销售组织还不能适应环境的变化,要么一味强调超前,像孙悟空一样,一个跟头十万八千里,脱离了公司现实的需要;要么像磨蹭的猪八戒一样,在组织建设上过于滞后,对市场反应比较迟钝。有的公司则致力于模仿,"别人有的,我也要有",结果是"一直在模仿,从未去超越"。这表明,有很多公司在销售组织的建设上,还没有明确的思路,尤其是不能从战略高度来进行组织设计,从而制约了组织的正常发展。

在日益激烈的竞争环境中,一个优秀的销售团队必须意识到要建立完善的销售组织,保持通畅的销售渠道,才能有力地配合整个营销活动,才能在市场竞争中取得胜利。

要设计一个高效率的销售组织,以完成公司的销售目标,销售经理在设计销售架构时,必须要考虑影响销售组织设计的几个因素。

```
                    ┌──────────┐
                    │ 销售总监  │
                    └────┬─────┘
                    ┌────┴─────┐
                    │ 销售经理 │─────────┐
                    └────┬─────┘    ┌────┴─────┐
                         │          │ 销售管理 │
                         │          └──────────┘
```

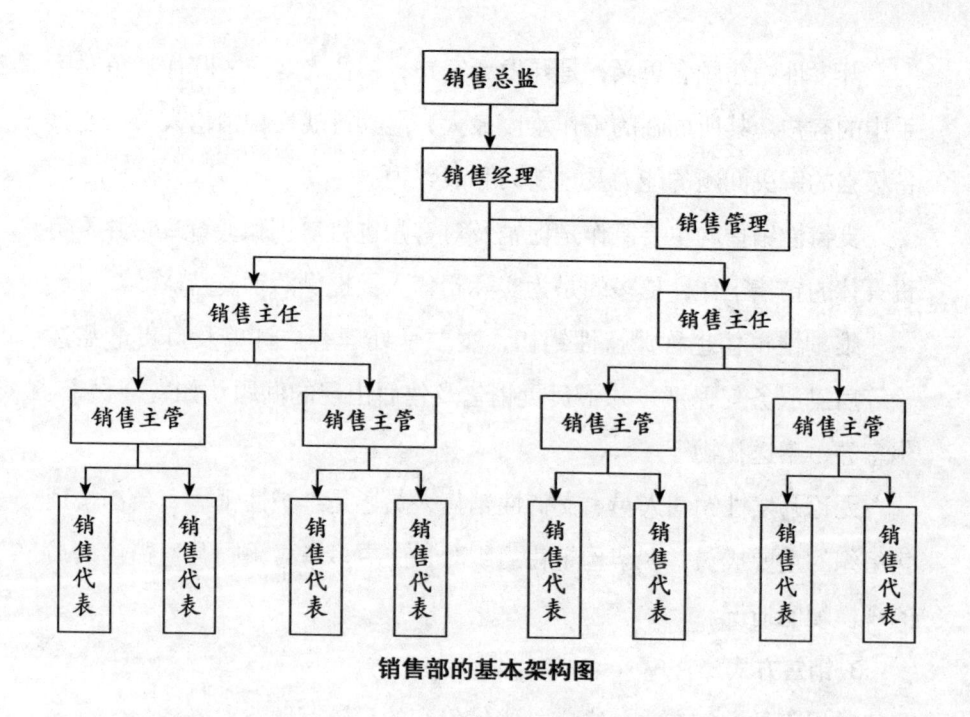

销售部的基本架构图

1. 市场类型

因购买者及其购买目的的不同，市场分为消费者市场和组织市场两大类。前者是为了消费而购买的个人、家庭，购买者的数量大，购买规模小、品种多、频率高。后者是指为生产、转卖或公共消费而购买产品的各个机关单位、制造商、中间商等，购买者的数量少，购买规模较大。比如医药商品中的处方药，个人及家庭长期购买处方药显然居多，所需品种多，频率也高，而医药原材料则更多是制造商采购，规模更大。

因此，身为销售经理就要根据这些市场的具体特征，合理设计销售组织。

2. 销售类型

销售类型主要有开发性销售、支持性销售和维护性销售三种类型。

开发性销售顾名思义，是开发新客户、留住老客户、盯住竞争对手手中的客户。其所面临的工作难度最大，最具挑战性，销售人员需要具备极强的解决问题的能力及创新力和战斗力。

支持性销售的主要工作是促销及对客户进行培训和教育。它并不负责具体的销售工作，更多的是为实际销售人员提供活动支持。

维护性销售也称保持性销售，主要是处理客户订单及负责产品运输等后勤服务与保证，并不负责销售及售后出现的问题。如发会员卡、优惠券，赠送礼物等。

无论开发性销售人员、支持性销售人员还是维护性销售人员都是销售组织的重要成员，在架构销售组织时，应更多考虑不同类型销售人员的规模配比情况。

3. 销售方式

采用何种销售方式，决定着销售组织的设计问题。

根据销售渠道环节和销售的组织形式，销售方式可分为直销、代销、经销、经纪销售与联营销售等。

直销，是销售人员绕过中间商环节，直接把产品销售给消费者。这种方式降低了销售价格、减少了销售环节，也能及时捕获市场信息，但投入的人力物力财力较大。同时，因为销售人员是直接面对消费者进行销售，所以要有严格有效的销售培训系统做保障，才能建立一个专业的直销网络，确保高质量的销售服务。

代销，就是将产品委托给中间商代理销售。这种方式中，代理商没有资金风险和销售风险，只按协议领取代销佣金。因此，找到以商业信誉为本的代理销售商，确立一个双赢的代销方式，才能保证销售利润的最大化。

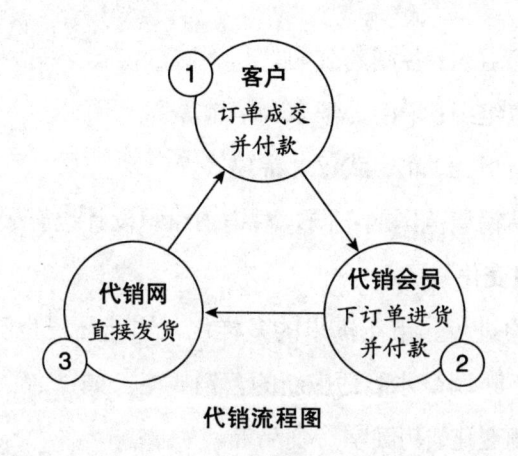

```
        ① 客户
         订单成交
          并付款
           ↑
    ┌──────┴──────┐
  代销网 ← 代销会员
  直接发货   下订单进货
    ③        并付款 ②
```

代销流程图

经销，是中间商买断企业（供应商）的产品所有权之后，开展商业经营的一种销售方式。双方订立协议或约定，由供货商向经销商定期、定量供应货物。实际上，双方是买卖关系，经销商必须自垫资金购买供货商的货物，自行销售，自负盈亏，自担风险。

经纪销售，是供货商与销售商利用经纪人或经纪商沟通信息，进而达成交易的一种销售方式。其中，经纪商不承担风险，因对商品没有所有权，所以也不直接参与商品管理，只是发挥其桥梁作用，促进供货商与销售商之间的合作，最终向自己的雇用方收取佣金。

联营销售，此销售方式由两个以上销售单位通过自愿互利的合作方式，共同投资建立一个联营机构，进行某种商品销售业务。联营各方共同拥有商品的所有权，在利润分配上按投资比例或协议规定予以划分。

4. 产品销售范围

很多产品在销售上因受自身特征影响，只能在范围有限的区域进行销售，所形成的销售区域自然也小，这样销售组织就较为简单；反之，销售区域大的销售组织就复杂一些。由于区域的大小划分不同，所投入的人力、物力、财力也就必然有所不同。如：

国际销售组织：可口可乐等。

全国性销售组织：各制药公司。

地区性销售组织：华南、华东、华中等。

省市销售组织：湖北、武汉、福建等。

因此，产品销售范围的不同，对销售组织设计也有极大影响。

5. 市场环境变化

随着技术的进步、市场需求的多样化，销售环境也随之不断变化，销售组织必须不断调整才能适应新的营销战略。如：

保健品市场变化：药健字、食品等。

国家政策的调整、市场需求的变化等。

连锁药店、医院的医药分开等。

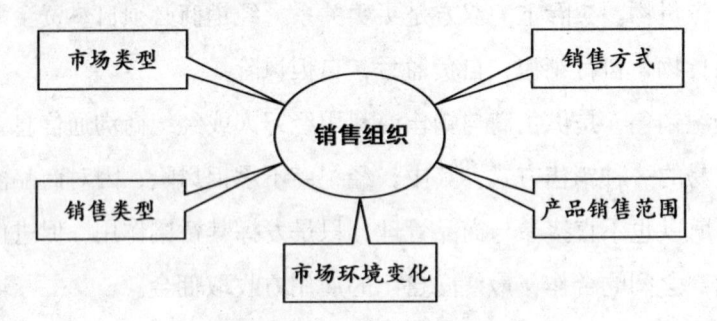

影响组织设计的 5 个主要因素

组织设计中的问题

企业组织在设计架构过程中难免会出现这样或那样的问题，有的管理层就开始急急忙忙地着手改善组织架构，期望改善现状，结果却收效不大。

有这样一则幽默故事令人寻味：有甲和乙两个船队，两个船队谁也不服谁，都想比试比试看谁划得最快。终于有了机会，两队约好在一个月后进行一场比赛。之后，两队开始进行训练，每个人都很兴奋。终于到了正式比赛的那天，结果是甲队落后乙队差不多1公里的距离，输给了乙队。

甲队的领导很不服气，决心总结教训，来年再比，一定要赢得比赛。甲队领导层通过反复讨论分析，发现乙队是8个人划桨，一个人掌舵；而甲队是8个人掌舵，一个人划桨。不过，甲队领导并没有在意这个问题。他认为，8个掌舵人，没有中心，缺少层次，这才是失败的主要原因。

于是，甲队重新组建了船队的领导班子。新班子下面有4个掌舵经理，3个区域掌舵经理，一个划船员。此外，甲队还专门设了一个勤务员，给船队领导班子提供服务，并具体观察、督促划船员的工作。

第二年再继续比赛，结果是乙队领先甲队2公里。甲队领导班子感到很没面子，讨论认为划船员表现太差，予以辞退；勤务员监督工作不力，应给予一定的处分，但考虑到他为领导班子指挥工作的服务做得很好，将功补过，其错误不予追究。最后，领导班子成员每人还得了一个红包，以奖励他们共同发现了划船员工作不力的问题。

为什么甲队两次都输了呢？这就是内部组织设计有问题，如果不解决这些问题，甲队就不可能取胜。同样，销售组织在设计架构时，也要解决好整个团队存在的矛盾或消除弊端。要知道，合理的销售组织不一定能保证销售的成功，但不合理的销售组织一定会阻碍销售成功。很多销售团队的管理者都会受到销售组织在设计架构过程中出现的矛盾或弊端的困扰。

第一，效率低下的问题

随着公司规模的扩大，销售组织必然随之不断扩张，人力也就会自然而然地增加。但人力的增加未必等于效率的提升，也就是说，如果一个销售组织设计不合理，那么尽管它的人员明显增多，人均销售额也会明显下降。问题到底出在哪里呢？

一个销售组织的设计是否合理，首先核查其运营的流程是否有效。有效的流程应该是简洁流畅的，这样才会产生高效的业绩。如果这个流程是科学的、协调的、快捷的，那问题很明显出现在把控流程实施的执行制度上。

一个销售团队的执行制度僵化，无法调动销售人员的积极性，也不能很好地协调销售工作中出现的诸多问题，流程就等于是一潭死水，必然不会顺畅地流淌。

效率低下，就使得市场信息的搜集和反馈不能及时传达到管理层，整个销售系统就如同一只身躯庞大的大象，每迈一步，都需要付出沉重的力量和代价。

第二，管理失控的问题

当然，好的制度和流程固然重要，但这一制度和流程执行是否到位，就与管理是否到位休戚相关了。管理不能有效实施既定的方案流程，这就是一个组织经常遇到的所谓"失控"现象。

我就经常遇到"失控"的团队，比如财务失控、渠道失控等。财务失控很容易理解，多是一个团队的营销费用持续增高，但实际销售利润反而变化不大，甚至还有所下降。其中的原因，多是区域销售主管人员将实际利润挪为他用，当然，也有部分是回款不佳而产生坏账。

渠道失控，就是销售人员利用工作关系，将客户与公司的合作关系转为个人关系，也就是将公司的客户渠道转为私人渠道，从中赚取高额利润。

管理失控原因很多，多是由组织设计的主客观原因造成。

第三，沟通不利的问题

一个销售团队发展越快，其下属各组织的地区差异、顾客差异也就越集中，这就很容易造成市场信息不客观、不准确，也就是说，各个组织的沟通环节脱节，意见不统一。

实际上，沟通是每天都在做的事情，但不是每个人都能做到有效沟通。

有一天，森林里的狮子和老虎之间发生了一场激烈的冲突，狮子咬掉了老虎的尾巴，老虎扯掉了狮子的耳朵。到最后，两败俱伤。狮子快要断气时，对老虎说了这样一句话："如果不是你非要抢我的地盘，我也不会这样做的。"这时的老虎很吃惊："可我从没有想过要抢你的地盘，我一直以为是你要抢我地盘。"狮子和老虎事先没有进行有效沟通，而是一厢情愿地按自己的意愿行事，结果是付出了惨重的代价。

有效沟通是为了探寻问题及解决问题的办法，其实是在建立双方的联系和信任，包括营销组织内部的沟通、公司相关职能部门的沟通等。特别是对跨市场区域作战的人员来说，获得公司职能部门的支持可以减少很多阻力。

第四，追求短期利益的问题

有一只鸟每年秋天都要去吃桃金娘树上的浆果。有一年，桃金娘树上的果实还没有熟，这只鸟就跑到桃金娘树上，每天都在树上又唱又跳。正好有一个人路过这里，发现了这只鸟，便守候在那里。等桃金娘树果实熟了之后，这只鸟在那里吃了一整天。后来，那个人终于找了个机会把这只吃饱的鸟给抓住了。最后这只鸟一声长叹，桃金娘的果实虽然好吃，但因为太贪恋那无比的香甜，以致送了性命……

这个故事说明，我们做事要目光远大，不能像那只可怜的鸟一样目光短浅——桃金娘的果实固然好吃，鸟却看不到远处的危险，是可悲的。

同样，如果我们的销售人员只追求短期利益，结果就会导致企业销售整体追求短期利益，既不利于整体战略的发展，也不利于企业产品和服务的创新。短期利益追求到一定程度，会使企业陷入困境，销售人员也会发现自己的传统技能已经不能适应新形势的需要。这样，企业试图加强控制时，就很可能会遭受巨大损失。

为此，我们大体要从以下两方面进行有效的组织把控。

第一，建立合理高效的销售队伍

一个优秀的销售组织必然是一支高效的队伍；反之，如果一个销售组织不能建立一支合理高效的队伍，那一定不是成功的队伍。

在设计销售组织的过程中，我们要考虑销售的有效性。在实际情况中，销售的有效性很容易被人们忽视。比如说，你作为一名管理人员，你发现销售额出现停滞或下降时，往往会设计一套新的目标提成方案来解决问题。实施新方案后，你的手下工作更加勤奋，但销售业绩只有一个短暂的上升，甚至压根儿没有出现好转的迹象。此时你会倾向于将问题归咎于外部因素，而不是进一步检讨销售的有效性问题。

我在国内曾经为一家销售额下降的医疗设备公司重新设计其销售战略。实际调查中我发现一个关键问题，那就是公司配备了超过 40% 的销售人员为那些只贡献了 20% 左右利润的客户提供服务。认识到这个问题后，我马上帮助这家公司重新设计了销售组织和业务流程。经过这样一个改变，公司在降低了成本的同时销售额增长了 6%，这样就大大提升了销售的有效性。

提升销售有效性可以理解为"通过准确界定销售的重点和目标客户，有针对性地提供优质的产品或服务，并以各种手段帮助销售队伍提升销售效率"。这样做，既不需要增加成本预算和人员编制，又能在短期内迅速改善销售状况。

有这样一家代理销售大型成套设备的小企业，每年的销售额大约在2个亿。他们代理的国外品牌在国内有不错的声誉，产品品质和售后服务也都不错。其销售总监手下有20多人，每年都能超额完成任务。可是好景不长，其他国外的一流品牌开始冲击中国市场，给这家小公司带来了一些麻烦，不到一年的时间，他们的销售额增长开始出现停滞甚至下滑，市场份额下降，一些核心员工也跑到了新进入市场的竞争对手那里。怎么解决这个问题呢？销售总监每天都为此事头疼。

后来，他们找我帮忙分析一下。我对这家公司进行了深入调查后，发现这里的员工流失现象要比想象的严重得多。我又进一步调查，发现他们销售部的职能中有很大一部分是销售计划的制订、ERP和CRM系统的管理与维护、订单管理和库房管理等职责。管理者多是让那些优秀的销售明星兼职这些工作，他们认为这类职责让那些最优秀的员工来担任是一种激励和认可。

这时问题就出来了：那些销售骨干由于要花时间去处理大量的支持类工作，把时间都花在了电脑前，而花在客户身上的时间就少了。如果你是这家公司的销售总监，想一想，你把他们的有效销售时间都占用了，他们还会有销售提成吗？如果这些销售骨干既看不到职业发展的空间（他们更愿意接待客户而不是与电脑打交道），也看不到收入增长的空间（有效的销售时间少了，收入自然就少了），他们最后没办法就会弃你而去。

怎么办？说来也很简单，那就是要重新构建销售组织。其中最重要的举措之一就是成立专门的销售支持团队，让那些销售骨干能够解放出来，全职专注于销售工作。

第二，降低经营成本，精简机构

我有这样一个客户，在他的发展过程中，由于工作的需要，他开始不停地设置新的机构，职能部门从最开始的四五个到最后变成了20多个。结果，他发现设置了这么多职能部门后整个团队沟通和协调变得非常麻烦，明明是很小的一件事情却要牵扯五六个部门。就拿公司设计广告来说，要把公司四五个部门召集到一块儿，从这个部门到那个部门，再从那个部门到另一个部门，召开了大量的会议协调、沟通。可想而知，在这样的组织结构里工作是一件多么累人的事啊！

作为一个销售经理，在考虑销售组织机构设置的时候，不仅要考虑工作效率的问题，还要考虑经营成本的问题。如果销售部门的组织结构设计不合理，机构臃肿，人员冗余，不仅会影响到整个部门的运行效率和最终效果，企业也必须支付不必要的管理费用和人员费用，这对整个团队来说无疑是增加了不必要的成本负担。

销售人员的组织方法

组织销售人员，要考虑团队人力配备情况、财务状况、产品特性、消费者及竞争对手等诸多因素的影响。只有充分考虑销售团队自身实力和发展战略的方法，才是最好的销售人员组织方法。

好的销售组织方法所产生的销售组织模式，是采用最少的管理成本，获得最大的经济效益。

第一，区域结构型组织模式——按区域划分

企业根据自身资源选择不同区域市场进行产品的销售；不同的产品在不同的区域中，所采用的销售方式也有一定的区别；成熟度不同的市场之间也存在着一定的差异。

1. 常规状况下的区域市场销售组织结构

常规状况下，销售人员被派到不同的省份代表公司处理业务，并在该区域内发展渠道成员或者进行直营。这种销售组织结构较为密集深入，一般日用生活品的销售组织采用较多。

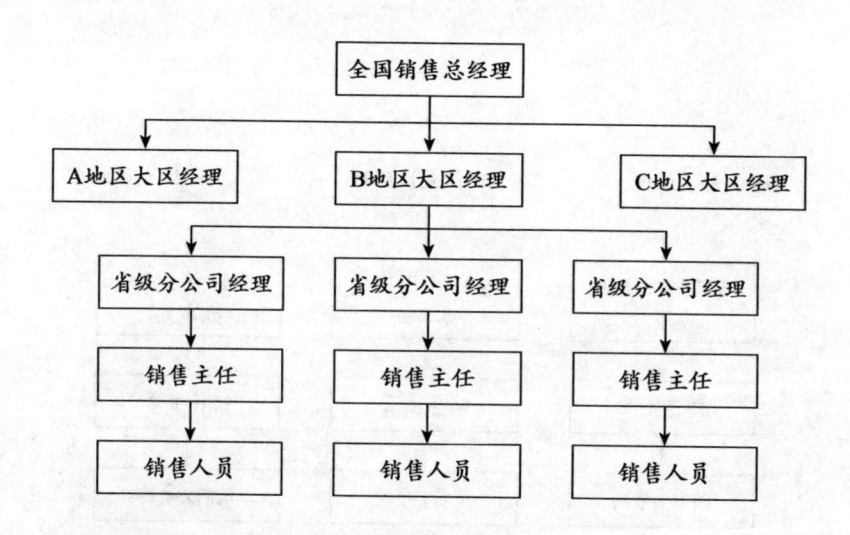

```
            全国销售总经理
       ┌────────┼────────┐
       ▼        ▼        ▼
   A地区大区经理 B地区大区经理 C地区大区经理
       │        │        │
       ▼        ▼        ▼
   省级分公司经理 省级分公司经理 省级分公司经理
       │        │        │
       ▼        ▼        ▼
    销售主任    销售主任    销售主任
       │        │        │
       ▼        ▼        ▼
    销售人员    销售人员    销售人员
```

2. 刚刚成熟的区域市场销售组织结构

市场销售刚刚有所成绩，所处地区市场销售密集度也不大，但与一些大型、重型工业产品相比，又超过其销售密集度的产品销售组织，适合采用下面的组织架构。

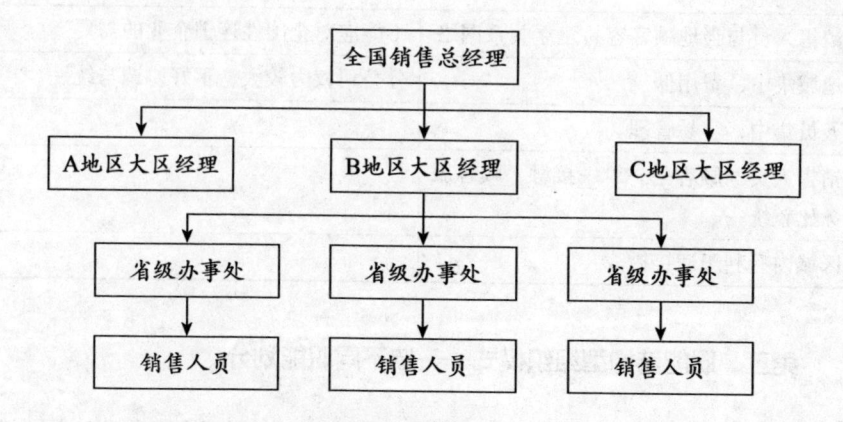

```
            全国销售总经理
       ┌────────┼────────┐
       ▼        ▼        ▼
   A地区大区经理 B地区大区经理 C地区大区经理
       │        │        │
       ▼        ▼        ▼
    省级办事处  省级办事处  省级办事处
       │        │        │
       ▼        ▼        ▼
    销售人员    销售人员    销售人员
```

3. 相当成熟的区域市场销售组织结构

这样的结构比较适合对终端进行有效的控制。

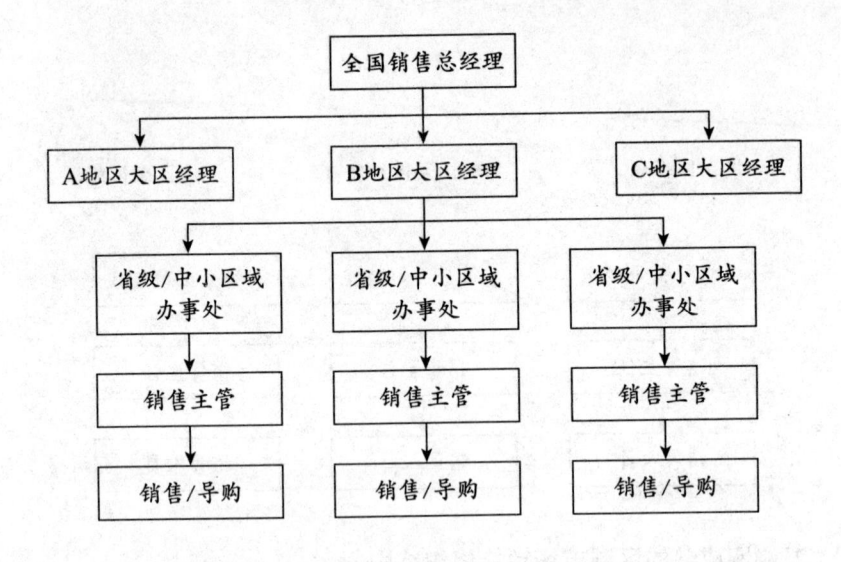

```
                    ┌──────────────┐
                    │ 全国销售总经理 │
                    └──────┬───────┘
          ┌────────────────┼────────────────┐
          ▼                ▼                ▼
  ┌──────────────┐ ┌──────────────┐ ┌──────────────┐
  │ A地区大区经理 │ │ B地区大区经理 │ │ C地区大区经理 │
  └──────┬───────┘ └──────┬───────┘ └──────┬───────┘
         ▼                ▼                ▼
  ┌──────────────┐ ┌──────────────┐ ┌──────────────┐
  │ 省级/中小区域 │ │ 省级/中小区域 │ │ 省级/中小区域 │
  │    办事处     │ │    办事处     │ │    办事处     │
  └──────┬───────┘ └──────┬───────┘ └──────┬───────┘
         ▼                ▼                ▼
  ┌──────────────┐ ┌──────────────┐ ┌──────────────┐
  │   销售主管    │ │   销售主管    │ │   销售主管    │
  └──────┬───────┘ └──────┬───────┘ └──────┬───────┘
         ▼                ▼                ▼
  ┌──────────────┐ ┌──────────────┐ ┌──────────────┐
  │   销售/导购   │ │   销售/导购   │ │   销售/导购   │
  └──────────────┘ └──────────────┘ └──────────────┘
```

区域型销售组织的优缺点如下：

优 点	缺 点
地区经理权力相对集中，决策速度快	技术上不够专业，不适合种类多、技术含量高的产品
销售人员与当地顾客容易建立关系网络	不能应对全国性连锁企业的需要
地域集中，费用低	分公司权力较大，不好协调与统一
人员集中，容易管理	
销售人员与顾客是一对一接触，顾客服务比较统一	
区域内有利于迎接挑战	

第二，职能结构型组织模式——按不同职能划分

职能结构型组织模式是按职能来组织部门分工，即从企业高层到基层，均把承担相同职能的管理、业务人员组合在一起，设置相应的管理部门和管理职务。

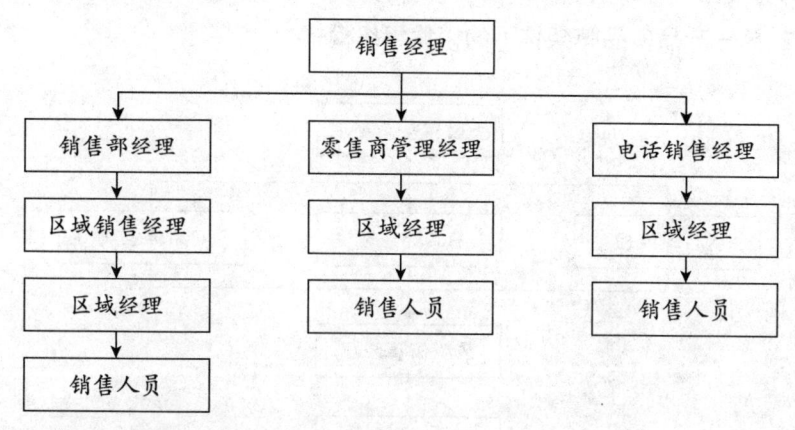

```
                        ┌─────────┐
                        │ 销售经理 │
                        └────┬────┘
           ┌─────────────────┼─────────────────┐
      ┌────┴─────┐    ┌──────┴──────┐    ┌─────┴──────┐
      │销售部经理│    │零售商管理经理│    │电话销售经理│
      └────┬─────┘    └──────┬──────┘    └─────┬──────┘
      ┌────┴─────┐    ┌──────┴──────┐    ┌─────┴──────┐
      │区域销售经理│  │  区域经理   │    │  区域经理  │
      └────┬─────┘    └──────┬──────┘    └─────┬──────┘
      ┌────┴─────┐    ┌──────┴──────┐    ┌─────┴──────┐
      │ 区域经理 │    │  销售人员   │    │  销售人员  │
      └────┬─────┘    └─────────────┘    └────────────┘
      ┌────┴─────┐
      │ 销售人员 │
      └──────────┘
```

职能型组织模式的优缺点如下：

优　　点	缺　　点
分工明确	费用大
有利于培养销售专家	销售活动缺乏灵活性，责任不明确

第三，产品结构型组织模式——按产品划分

产品式结构是指企业的销售人员按照产品来执行其任务的一种组织结构设计。因为是在产品主导条件下设计的销售组织，所以它一定要符合产品或者品牌管理的条件。

一个产品多种品牌与一个品牌多个产品所采取的营销模式区别很大，因此组织架构侧重点也就不同。

1. 单一产品或单一品牌架构下的常规销售组织模式

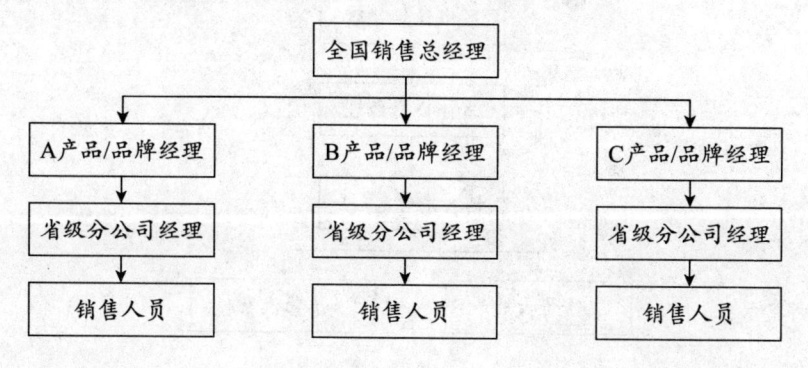

```
                    ┌─────────────┐
                    │ 全国销售总经理│
                    └──────┬──────┘
         ┌─────────────────┼─────────────────┐
   ┌─────┴──────┐   ┌──────┴──────┐   ┌──────┴──────┐
   │A产品/品牌经理│  │B产品/品牌经理│  │C产品/品牌经理│
   └─────┬──────┘   └──────┬──────┘   └──────┬──────┘
   ┌─────┴──────┐   ┌──────┴──────┐   ┌──────┴──────┐
   │省级分公司经理│  │省级分公司经理│  │省级分公司经理│
   └─────┬──────┘   └──────┬──────┘   └──────┬──────┘
   ┌─────┴──────┐   ┌──────┴──────┐   ┌──────┴──────┐
   │  销售人员  │   │  销售人员   │   │  销售人员   │
   └────────────┘   └─────────────┘   └─────────────┘
```

2. 单一产品多品牌架构下的销售组织模式

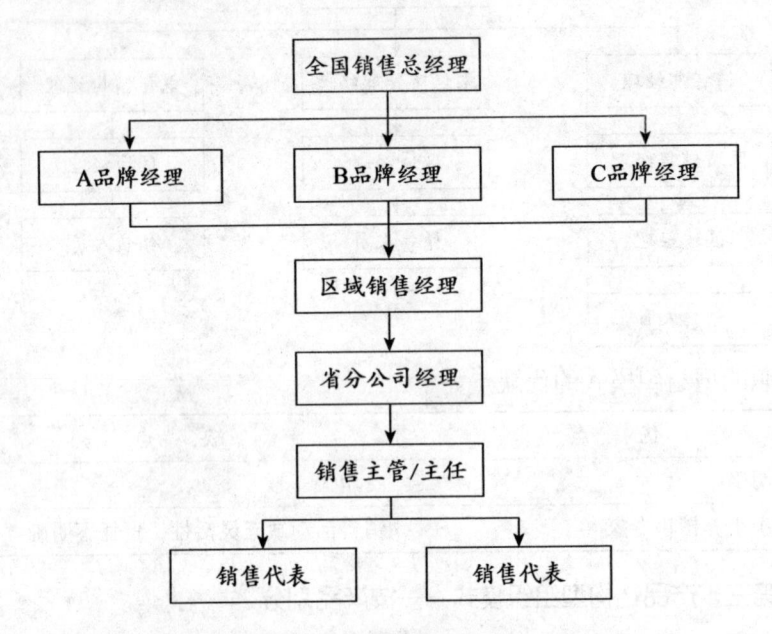

```
          全国销售总经理
    ┌──────────┼──────────┐
  A品牌经理   B品牌经理   C品牌经理
              │
          区域销售经理
              │
          省分公司经理
              │
          销售主管/主任
           ┌──┴──┐
        销售代表  销售代表
```

3. 单一品牌多产品架构下的销售组织模式

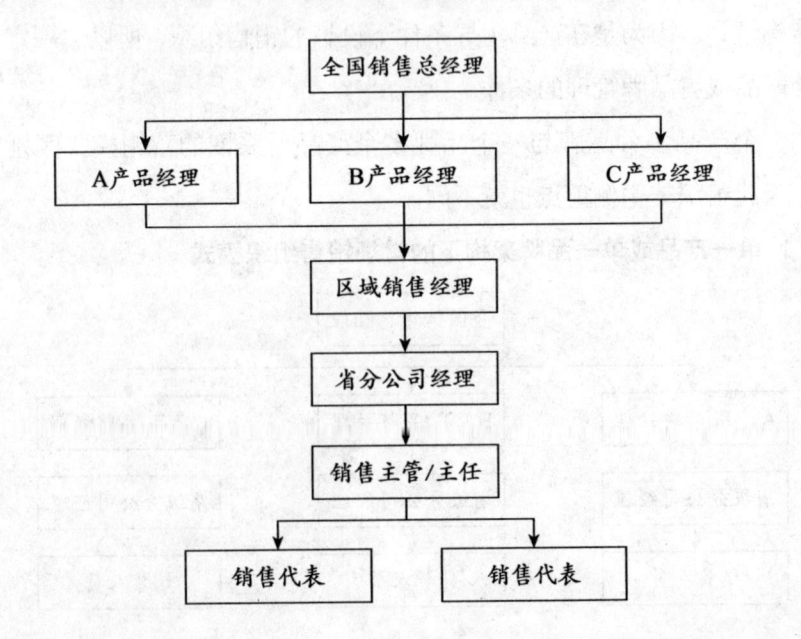

```
          全国销售总经理
    ┌──────────┼──────────┐
  A产品经理   B产品经理   C产品经理
              │
          区域销售经理
              │
          省分公司经理
              │
          销售主管/主任
           ┌──┴──┐
        销售代表  销售代表
```

产品型组织模式的优缺点如下：

优　　点	缺　　点
便于熟悉与产品相关的技术、销售技巧及产品的使用、维护、保养等知识	由于地域重叠，造成工作重复
利于培养销售专家	成本高
生产与销售联系密切，产品供货及时	容易出现多名销售人员服务一个客户的情况

4. 客户结构型组织模式——按客户划分

客户型组织模式是指企业销售人员按顾客的不同，分别执行销售任务的一种组织结构设计。

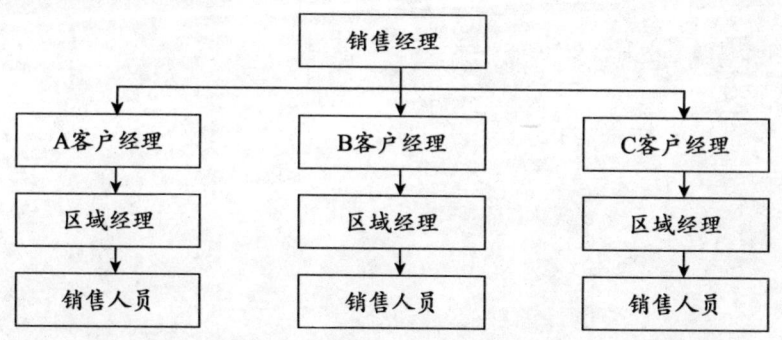

```
                    销售经理
        ┌──────────────┼──────────────┐
    A客户经理        B客户经理        C客户经理
        │              │              │
    区域经理         区域经理         区域经理
        │              │              │
    销售人员         销售人员         销售人员
```

客户型组织模式的优缺点如下：

优　　点	缺　　点
专人负责重要客户，能更好地满足顾客的需要	销售人员熟悉所有产品，培训费用高
利于减少销售渠道的摩擦	主要消费者减少带来的威胁
利于与客户建立紧密联系	销售区域重叠，造成工作重复、销售费用高
为新产品开发提供思路	销售人员离职带来负面影响

总之，任何一种架构模式都有其优缺点，而且随着竞争的加剧和合作意识的兴起，新型的模式不断产生，如：将公司外部的批发商、零售

商和客户组织起来，形成销售组织的补充队伍，使销售组织发挥更大的作用。另外，销售组织的网络化也将是我们要面对和不断学习的新型销售组织方式。

第二章
理顺组织架构

组织团队推销

几年前,我的一位客户在一次会议上向与会人员阐述了他对个人及团队成长的看法:"成长靠自己,成功靠他人,实力靠团队,大河无水小河枯。"一句非常朴实的话,却蕴藏着深深的哲理——想要变大、变强,就要做好团队。

今天我要告诉大家的是,要想在销售市场上立于不败之地,就必须组织团队推销。未来销售发展的趋势是什么?是由个人销售发展为团队销售。一个销售员的能力是有限的,如果一个团队来做销售,结果自然大不一样。

比如说,通用电气公司为了更好地为重要客户服务,成立了跨职能和跨公司的大型销售团队。针对南加州爱迪生公司从通用公司购买蒸汽涡轮发电机项目,通用公司专门成立了140人的跨公司团队以减少停工期。这个团队包括60名来自通用的员工,其他成员则来自爱迪生公司。

一个高绩效销售团队的强大竞争力不是有几个超级明星就可以了,而在于其成员整体力量的强大。你一个人强了不算强大,大家都强了才是真的强大。这其中起关键作用的,就是团队的凝聚力和协作精神。

一个高绩效的销售团队绝不仅仅是一群人简单地聚在一起,而是一

个有着凝聚力的共同体。这个凝聚力就是维持这个团队存在的必要条件。它是无形的精神力量，是将一个团队的成员紧密联系在一起的看不见的纽带。如果丧失凝聚力，整个销售团队就像一盘散沙，这个团队就难以维持下去，并呈现出低效率状态；而凝聚力较强的团队，其成员工作热情高，做事认真，并有不断的创新行为。因此，一个销售团队的凝聚力是实现整个团队目标的重要条件。

在所有的动物之中，狼是将团队凝聚力发挥得淋漓尽致的动物。狼群在捕获猎物时非常强调团结，因为狼同其他动物相比，实在没有什么特别的个体优势。在生存、竞争、发展的动物世界里，它们知道"绑在一起"战斗远比单独行动更重要。我们很少听到狼离开群体而孤身作战的，它们总是成群结队，非常有组织、有计划地发起进攻。我们知道熊比较厉害，但熊得到的猎物经常会被狼抢走，这是因为独熊斗不过群狼。久而久之，狼群就演化成了"打群架"的高手。

销售团队是一个集体，更需要向狼学习这种团队精神。作为销售人员，任何个人的成功都离不开团队的支持与配合。我每次给那些销售团队做培训，在谈到如何做好大项目销售时，都会反复强调要重视团队协作。销售人员之间，销售人员与技术服务人员之间更要相互支持、相互配合才能组成一个强大的项目小组，让每一个人的优势都得到最充分的发挥，实现团队效能的最大化。

如何提升销售团队的凝聚力呢？

1. 强化对外的力量

当组建这个销售团队时，我们就应该明确每一个参与者都是这个团队不可分割的一部分。当遇到外在的威胁时，我们不管以前有什么成见都要放下，要一致对外。比如说，同一个公司的两个销售人员为争同一客户发生争执了，但当外来公司的销售人员也来抢这个客户时，这俩人就会团结起来共同赶跑其他公司的销售人员。当这种外力越大，这时团队内部的凝聚力也会变得越强。

2. 合理设立团队目标

如果整个团队设定的目标太低，员工肯定也不会尽心尽力地去做，更别提合作了；如果目标太高，员工怎么够也够不着，他们同样也会放弃努力。比如说，你让一个销售员年底完成几十万元的销售额，他觉得这简直是小菜一碟，他就不会主动去寻求合作，自己就能搞定了。但你让他完成几千万的销售额，他觉得就是整个销售团队也不能完成，自己再努力也是没有用的。如果你让他年底完成几百万的销售额，他会觉得有些压力，但是找几个人合作，共同努力，一定能完成这个任务。这样整个团队的凝聚力就提上来了。

3. 培养集体的荣誉感

每个人都愿意当英雄，不愿当狗熊。如果你这个团队一贯有好的表现，一直能按照团队的目标很好地运行，这时团队成员就会觉得这是一个英雄的团队。有人说曹操是奸雄，但为什么那么多人愿意跟着他干呢？因为他的团队有明确的目标，且一直在壮大，待在这个团队里每个人都觉得自己是英雄。

要组织团队推销，除了要培养凝聚力外，还要培养协作性。协作不好，团队就会像一个笨重的机器人，意识超前了，结果腿没跟上，没走几步就摔倒了。

在动物界里，除了狼群具有很好的协作性外，雁群也有非常好的协作性。每年冬去春来、秋去冬来的时候，成群的大雁总是结伴飞来飞去，队形一会儿呈"一"字，一会呈"人"字。大雁为什么要编队飞行呢？原来，一群编成"人"字队形的大雁，要比具有同样能量而单独飞行的大雁多飞70%的路程。也就是说，编队飞行的大雁能够借助团队的力量飞得更远。

雁群中最辛苦的是领头雁。当一只领头雁累了的时候，会退到队伍的侧翼，另一只大雁会主动取代它的位置领飞。当有大雁生病或受伤时，就会有两只大雁来照料和协助它飞行，不分日夜地伴随它的左右，直到它恢复或死亡，然后它们再继续去追赶前面的队伍……

大雁的这种协作精神是推动整个团队前进的一种特殊力量。那么我们怎么样去培养团队的协作精神呢？

1. 多鼓励员工互相帮助

如果发现团队中有人需要帮助，而且其他成员也完全能够帮助这个人，你就不需要亲自上阵了，这可以在员工之间形成互帮互助的氛围，以增进彼此的感情。

2. 多搞一些可以增进员工感情的活动

多创造一些员工间相互交流的机会，可以加强协作能力。比如，一起培训、竞赛、运动、召开座谈会等。

3. 多沟通，少埋怨

有效的沟通是团队管理者必备的技能之一。作为销售团队的管理者，不仅要善于与上级沟通，还要学会与下级沟通。只有了解了员工想什么，才能更好地促进他们之间的合作。沟通时，作为管理者还要少一些埋怨。没有人愿意听一个主管喋喋不休的埋怨。有问题了就要告诉他改进的方法，既让员工愉快地接受，又不会挫伤他的锐气。

现如今，个人英雄主义的时代已经一去不复返了。全球化竞争日益激烈，在一个庞大的行业中，个人的力量再大也是微不足道的。只有让员工们凝聚在一起，协同合作，团队才能高效前进。

SECRETS OF POWER SALES TEAM

第三章
融入新鲜血液

何谓"天生的"销售人才

到目前为止,让所有销售团队管理者都非常痛苦的一件事,就是人才的问题。很多销售团队的管理者找我诉苦:"尚总,我们公司现在找一个合适的销售人员可真难啊,更别说优秀的销售经理了。"我对他们说:"其实我也一样,一样难。"我招聘这么多年,金融危机以后,尤其是近期我在公司面试了一个月,用我的眼光来看,很难找到一个适合的人。

到底什么样的人才是我们所需要的呢?什么样的人才是"天生"的销售人才呢?当然,没有人"天生"就会做销售,我们说的"天生"是指他更具有做销售的潜质。

如果说管理者选择员工有很多标准,别忘了最重要的一个标准是这个员工一定有"慧根"。什么叫有"慧根"的员工?"慧根",不仅是他要有聪慧的根子,生来就聪明,更重要的是"会跟",一定要会跟着我们做事情。

团队中专门有一类人:你不用和他讲话,一个眼神、一个动作过去,他就基本知道你要表达什么。我称这类员工是"社会化程度比较高的人才"。所谓的社会化程度,通俗一点说就是观察周边事物动态的能力比

较强。作为市场人员，如果你的社会化程度不够高，是很难在团队中崭露头角的。

我在伊利利乐学院做培训时，有一个员工给我留下了很深的印象。当时，我为伊利液态奶事业部的全国各城市经理们做渠道管理培训。在培训中场休息时，有一位年轻的销售经理跑过来和我交换名片。因为当时和我交换名片的人实在太多，我也没有太在意这个人。我只是觉得，能够主动与人交换名片的员工，都是热爱学习、渴望进步的好员工。

培训完毕后，他又找到了我，手里还拿着一瓶伊利牛奶。他递给我，非常诚恳地说："尚老师，您辛苦了！喝瓶牛奶，解解渴吧！"这样的做法对于我来说也没有什么新意。在我给众多企业培训的过程中，有啤酒企业送我啤酒的，有服装企业送我衬衫的，也有车企送我汽车模型的……他们都是想表达一种对讲师课程的认可。当时我只是觉得眼前这个小伙子很善良、很有礼貌。

我谢过他并接过了牛奶，这时他心满意足地、带着愉快的微笑对我说："尚老师，这是我刚从外面超市买来的，我一定得让您这样的专家喝一喝我们伊利的牛奶。我敢说我们伊利的这个新品种是全国最好喝的牛奶！"说完，他得意地看着我，好像在说："瞧，我不会说错的，我们伊利牛奶就是最好喝的。"我连声道谢，他趁机说："尚老师，您常年在全国各地讲课，有机会的话可得帮我们伊利多宣传宣传呀！"

就这样，我被这个聪明的小伙子打动了，他这样的员工真是一个有"慧根"的员工。身为伊利人的荣誉感，让他无时无刻不把企业利益放在第一位，并抓住一切机会向潜在顾客进行推广。

我们选择销售人才也一定选有"慧根"的人，因为有"慧根"的人才"会跟"，他才会跟随着我们一起去做事业。那么作为销售团队的管理者，我们应该甄选哪种有"慧根"的人才呢？

第一，个性一定要适合

销售人员的个性要适合产品的销售模式。打个比方说，如果团队销售产品主要是通过直接销售的模式实现，如图书销售、音响制品销售等，那么就要求销售人员必须有足够的冲劲与韧性，要真有那种"双脚踏出亿万金"的劲头。因为这种产品的销售是通过"量大取胜"的。

如果销售团队销售的是系统集成产品或软件开发产品，那相对来说个性沉稳、平和、思维缜密的人就比较适合。因为此类产品客户的选购过程比较长，需要销售人员具备沉稳的性格。

第二，与企业的发展阶段要切合

处于初生期企业中的营销团队任务非常重，营销策略一般都采取闪电战策略，这个阶段要求团队人员必须有足够的冲劲与热情。

处于成长期的企业是成长最快的时期，这时候要求团队人员有很强的上进心，需要有不断学习新知识的能力。此时应该选择那些不过分注重现实收益，愿意学习以改变自己，希望能够伴随企业共同成长的人员。

处于成熟期的企业已经解决了生存和成长的问题，目前需要的是稳步发展。这个时期就要求营销团队的平均年龄稍高一些，从业经验要比较丰富，内部沟通和协调能力要比较强。

第三，选择有正面思维的人

什么样的人具有正面思维呢？举个简单的例子，在北京街头有很

多卖水的人，有正面思维的人看到会说："北京真是个好地方，连水都能卖钱。看样子，在北京能发大财了。"而具有负面思维的人会说："北京这个地方，连水都要拿钱买。看样子，在北京很难生存。"这就好像那个半杯水的故事一样，有正面思维的人会说："真幸运，还有半杯水呢！"而有负面思维的人会说："真糟糕，只有半杯水了。"

优秀的人都是有正面思维的人，所以成功的人永远在找方法，而失败的人永远在找理由。不管在营销过程中我们的处境多么糟糕，一定有基于现实条件基础上的解决方案。这两种人最大的区别是，只有具有正面思维的人才会去积极寻找解决问题的方法。

第四，价值观要切合

建立团队很重要的一点是要建立一致的价值观。一个人的价值观决定他的行为，如果下属的价值观与主管不一致，主管就很难领导他，因为价值观念的差异将导致思维方式的不同。

一个具有大格局思维的主管会选择那些目光长远、有远大胸怀的人，因为一个人胸怀够大，他的世界观才够大，他头脑里的格局才够大。把这样的人纳入自己的团队中，主管才有可能将团队做大。因为，价值观念一致，做事就会很合拍。

寻找"四力人才"

一个营销团队在不同时期选人的标准是不一样的。不同的时期,站在一个营销团队管控的角度,你要选择不同的人。那什么样的人才是合适的人呢?

从营销团队合理选拔的角度来看,我们要寻找具备"四力"的人才。何为"四力"呢?即领悟力、自信力、影响力、取悦力。

第一,具备领悟力——有慧根的员工一定很"会跟"

我们前面说过,有慧根的员工很"会跟":你的一个眼神,一个动作,他就知道你要干什么。这种"会跟"就说明他的领悟力很强,他的社会化程度很高。

给大家举个真实的例子,当年我在一家国企里面的行政部门工作,主要负责向行政经理作汇报。但我并不喜欢这种按部就班、走既有程序类的工作,我觉得自己更适合做思维跳跃性的工作,所以也想找个机会在领导面前表现一下自己。可是平时能见到的最大的领导就是自己的上司,总监、董事长等大领导根本没机会接触。

事也凑巧，正好有一天，我路过董事长办公室，办公室门开着，董事长见我走过，就叫住了我。我当时特别激动，董事长找我有事，这不是个机会吗？我进了办公室，董事长没讲话，冲我一努嘴。我一看，董事长的办公桌前坐了一个女孩子，穿着非常时髦，翘个二郎腿，手里还夹着烟卷，正在向我们董事长推销他们的产品。

看得出我们董事长不太高兴。他当年在国内是一代儒商，是很有格局、很优雅的一个人，从不吸烟，而且他最不喜欢有人在他的办公室里吸烟，但那个女孩子却不清楚这些。

这时董事长开口了，对那女孩说："给您介绍一下，这位是我们公司专门负责产品采购的尚经理。"我一听差点乐出声，心里暗想，我什么时候成了负责产品采购的经理了。我稍一愣神就明白了董事长的意思，他希望我想办法把这个女孩弄走。

我明白后，马上走过去，和对方握了握手说："小姐，你好。我在公司专门负责产品采购，你到我的办公位来详细谈一下。"就这样，那个女孩子跟我到了我的办公位。我一直强调对方的报价太高，最后她自己都受不了，就走了。

过两天，我路过董事长的办公室，董事长一看见我就乐了，说："小尚，我感觉你很有慧根。好好干，你的前途无量。"这时我马上说："既然董事长你认为我前途无量，能不能让我去做销售啊？"就这样我被调到了销售部，从那时起一步一步走到了今天。

什么是领悟力？就是一个人观察周边事物动态的能力。别人的一个动作、一句话，你要理解背后的意思到底是什么。作为团队的管理者，你怎么去判断这个员工是否具备领悟力呢？这就要求你要观察这个员工平时与客户沟通时是如何问话的。这里有三个标准：

标准一：看其是否会问客户"负面问题"。

站在市场的角度，问题有正面和负面之分。举个例子，你的员工问客户："张老板，你以前使用的是哪家公司的产品，感觉还不错吧。"这是正面问题。如果客户觉得以前的产品用着还不错，还会选择我们的吗？而领悟力比较强的员工一定会这么问："张老板，以前使用哪家公司的产品啊。使用这么多年，感觉有哪些不如意的地方吗，是不是感觉没有广告宣传的那么好？"这个员工开始挖掘对方产品负面的东西，客户就会有意愿选择我们的产品。

什么时候是客户真正愿意和我们合作的开始？我告诉大家，那就是让客户内心产生一种压力和痛苦的时候。

有一次我从外地讲课回来，发现家里的下水道堵了，于是我去小区里找人修理。走到小区门口，正好遇到一个清洗油烟机，外带换纱窗的人。我就去问他："你除了清洗油烟机、换纱窗以外，还做其他的哪些事情呢？"这个人说："我会很多。"我说："我们家的下水道堵了一周多了，你会疏通下水道吗？"他说："会。"我问他："多少钱一次？"他说："一百块钱一次。"

我问他："能不能便宜一点，20块钱一次可不可以？"结果这个人看出了我内心的想法，他表情特别坚定地说："这么多年我疏通下水道，从来不讲价。"

没办法，我就把他带回了家。他三下五除二，3分钟就修好了。我说："你这一百块钱赚得太容易了，3分钟赚一百，你这个工作太开心了。"这个人却笑着说："其实我还有一种一分钟就疏通的方法。赚你一百块钱不容易，多给你弄几分钟吧。"

后来，我在小区里散步又碰到这个人了。这个人一见到我就乐

了，冲我挥挥手："先生，从下个月开始，本人疏通下水道半价优惠，50块钱一次。"我当时倒没有受骗的感觉，倒是觉得他挺会促销的。我没理他，他冲我背影喊了一嗓子："先生，5块钱也可以！"这时我才郁闷了。

站在市场的角度，最初为什么一百块钱我也同意呢？因为马桶堵了我痛苦，而且一张嘴我就把我的痛苦点表达出来了。那个人了解了我的痛苦，他才不会降价。而当一个消费者内心的痛苦感达到一定程度，他就不会在乎价格了。

标准二：看其是否能够把问题问得"简单直白"。

观察员工是否具有慧根，具有领悟力，还要看他是否能够把问题问得"简单直白"。你可以观察他问客户问题的时候，问的问题是否是事先设计好的，而不是不假思索地就把问题抛给客户。

2008年9月，正赶上神舟七号成功升天那段时间，我在随岗辅导。什么叫随岗辅导？就是陪着员工去做市场，但是并不表明自己的身份。看这个员工和客户沟通交流的时候，哪方面做得好，哪方面做得不好，然后回到公司后对其进行训练、指导。

当时我和一个员工去见客户。客户来了，这个员工要寒暄几句。他迎上去说："张老板，您的气色不错嘛，红光满面，公司业绩一定是欣欣向荣吧，实在是佩服。"没想到张老板脸色拉了下来，说："你怎么感觉我赚钱了，今年都亏大了。"这个员工一听，不能触摸他的痛处，他马上抛出来另一个问题："张老板，神七成功飞天了，举国欢庆啊。"我当时感觉他提的不错，全国人都知道这件事，张老板肯定也知道这件事。果然，张老板接上了，说："是啊，我感觉作为中国人咱们的腰板挺得更直了。"

接下来，这个员工的表现让人大跌眼镜，他说："张老板，您说神舟七号是怎么飞上天去的呢？"当时我听了差点没吐血，你弄个机械制造类的话题去问人家，人家怎么会知道。果然张老板瞬间愣了几秒钟，开玩笑地说："你问我这个问题，我还真不知道。我只记得，那天晚上我回到家里，一打开电视机，它唰就上去了。"这个员工有些不好意思，因为他也感觉这个问题问得不对。

好在这个员工比较幸运，遇到的是一个温和型、爱开玩笑的老板。如果他遇到一个强势的老板，肯定会说："你怎么提出这么一个比较白痴的问题？"

不是所有的员工都会问问题。但反过来讲，我们在随岗辅导的时候，会发现有一类销售人员很会设计问题，这样的人我们要把他留下来，把他放到市场上去，因为这样的人是我们需要的类型。

标准三：看其能否随时寻找共同喜好，建立亲和力。

销售的流程按照顺序可以细分为8个过程，分别是自我认知与定位、建立亲和力、客户开发、了解需求、产品介绍、问题处理、有效促成及后期服务。排在第二位的就是要具备亲和力。

亲和力是指人与人之间所具备的相似点或共同点。两个人的私交非常好，说明彼此有共同点。因为彼此有共同点，拉近了双方的距离，最终相互欣赏或认同。假如你是一个消费者，去商场购物，同样的东西，同样的价格，你愿意买谁家的呢？从消费者的角度来看，你肯定更愿意把兜里的钱给那个瞬间给你感觉最好的销售人员。因为我的钱给谁都是给，为什么不给那个让自己最舒服的人呢？这时亲和力就占据了主导位置。

话说回来，我们的员工是否能够让消费者舒服呢？这就是我们评判员工是否有领悟力的另一标准。那如何与陌生的客户建立亲和力？很简单，就是寻找双方的共同喜好。

我们公司有一个员工，是个很有悟性的小伙子。有一次我和他出差，他的旁边坐着一位美女，他想和她聊天，可是那个美女比较高傲，连看都不看他。我们知道，飞机航空服务的管理条例有这样一条规定，就是飞机完成平稳起飞的半个小时之内，如果不是短途航班，是一定要上饮料的。这个小伙子找到了机会：旁边那个女孩要什么饮料，他就要什么饮料；女孩坐在里面，让她先拿；她说橙汁加冰，小伙子就说和这位小姐一样……女孩看了他一眼，就这样小伙子抓住机会，两人聊了起来。

事后，他跟我说："尚老师，当时我想只要她敢看我，我就敢和她讲话。没想到，还真成了，我是不是天生适合做销售啊？"

遇到这样的员工，每个做销售的老板都会喜欢。因为他不怕遭受别人的拒绝，他会千方百计地和对方寻找一些共同的喜好，建立亲和力。

第二，具备自信力——便于解决客户提出的突发问题

具备自信力的员工"便于解决客户提出的突发问题"。具备自信力的员工明白一个真理，那就是"烫手也要烫别人的手"。具备自信力的员工有哪些标准呢？

标准一：头脑聪明，反应迅速，具备随时"反问"的意识。

有一次，我陪员工去开发一个客户，我要观察这个员工到底怎么

第三章
融入新鲜血液

谈。对方是个老板，两人谈了一会儿，我就觉得我的员工有可能会接不住了。

为什么接不住了？因为不管我的员工怎么介绍产品，怎么介绍合作模式，对方也不吭声。最后对方说了一句："你不要问我这么多问题了，我问你几个问题吧，如果你的回答让我比较满意，我们就继续往下谈。"对方开始反客为主了。

我们知道，很多老板都是做市场出身的。做市场出身的人一听到你问他这些问题，会有逆反情绪，因为当年他就是用这种方式去折磨别人的。这样的客户一般不说话，但一张嘴讲话杀伤力就非常大。客户问："我问你，如果我和你们公司合作了，采购了你们公司的设备了，两年以后我公司能赚多少钱？三年以后售后服务能够像现在一样有保证吗？"

他开始提各种条件。当时我的员工就愣了，瞬间语气就变了，"啊……这么回事。"作为销售人员，语气绝对不能迟疑，语气迟疑是紧张、不自信的表现，对方会借机折磨你一下。

但这个员工反应很快，他马上调整了情绪，并说："您认为呢？"他把问题给推回去了。"您认为两年以后您会赚多少钱呢？您认为三年以后售后服务会是什么样的？性价比如此之高、品牌如此之好的产品，您认为会差到哪里？"这时就连那个老板也乐了，说："你这个小伙子，还挺聪明。"

这名员工的高明之处，就在于反问意识。如果这个问题很烫手，你就要把它抛回去，即"烫手也要烫别人的手，绝对不能烫自己的手"，这样你才会做得开心、舒服。具有反问意识的员工都很聪明，这是具备自信力的销售精英的一种表现。

标准二：具备高度的冒险精神。

世上的事情没有一件是完全可以确定或保证的，都具有风险，而只有那些敢于冒险的人，才容易获得成功。

我们公司有一个员工，来到公司一周，我就给他转正了。这是公司的一个个案，因为在他之前还没有人在这么短的时间内就能转正。从管理者的角度说，我很怕他走掉，所以赶紧转正、涨工资。这个员工方方面面做得都很到位，尤其是他有高度的冒险精神。

他在上班的第五天由我随岗辅导，去见一个客户。他走在前面，我走在后面。我们知道，要见大老板、大客户是先要到前台预约的。到了前台，这个员工做得非常到位，冲前台点头微笑说了一句"您好"就过去了，但那个前台受过专业训练，说："说您好也不能把你放进去，你预约过了吗？"这个员工转身回头，冲前台一挥手，吼了一嗓子："那还用说吗？"就直接过去了。

我回头看那个前台女孩，她愣了，可能以前没有遇到过这样的销售人员，就这样我们进去了。当时，我就感觉这个员工自信力真的很强。

作为销售人员，要想在业绩上有所突破，要想真正踏上致富的道路，就一定要有迎着风险而上的冒险精神。

第三，具备影响力——面对客户能够主动推进销售进程

不是所有人都适合做销售的。那些眼神惶恐、手足无措，一见客户就漏底的销售员，本身影响力太差了，天天被客户折磨，他是不会在这个领域中做得长久的。反之，那些影响力强的销售员，却能够主动推进

销售进程。这样的销售员具有三条标准：

标准一：会"讲故事"。

现在营销市场流行感性营销。什么是感性营销呢？就是将你的营销活动情感化，将"情感"这根主线贯穿于营销活动的整个过程。一个客户与我们到底会不会合作，或者会不会购买我们的产品，关键在于我们的员工能否引导出对方的感性思维。引导出的感性思维越多，故事讲得越好，达到的效果就越好。关键是如何找到这个会讲故事的人。

我是如何判断哪些员工会讲故事呢？我的公司在招聘营销人员时，有初试和复试。初试的时候，我把面试者集中到会议室，集体做一个小游戏：

> 随便在墙上找个参照物，比如开关、图画等，然后让面试者伸开双手，掌心向外，虎口相对，距离双眼10公分左右。头不要动，在两只眼睛都睁开的情况下，慢慢缩小虎口，把参照物框进去就可以了。先闭上右眼，用左眼看；然后再闭上左眼用右眼看。闭上右眼用左眼能看到参照物的人，说明一定是用右脑来思考的人。用右脑来思考的人，一定是感性思维比较跳跃的人。反之，闭上左眼用右眼能看到参照物的人，理性思维居多，逻辑能力比较强。

而我所选择的是感性思维居多的人为员工，因为这样的人天生就会给客户讲故事，会讲得客户很喜欢听。因为这种把故事讲得丰富多彩的能力是天生的。

复试的时候，我要问一些个性问题，或者叫节点性问题，以判断他是否具备用想象力创造购买力的营销素质。

我先让面试者讲两个案例，一个是他自行操作的成功案例，一个是失败的案例。我要看他是否能够讲得很耐听,是否很会描绘。然后我再让他做总结,为什么会失败,为什么会成功,我要看这个人归纳总结能力是否很强。当一个面试者将流程、架构等都描述得很到位时,就要问一些节点性问题。比如说,"当时为什么你没做?""是什么东西影响你了?"如果这个时候他讲不出来,那就可以判断这个案例不是他做的,他就不是我们所需要的人才。

标准二:能够"耐得住寂寞"。

关于销售谈判有一句话说得好,叫"谁先讲话谁先死"。当然,不是叫你不讲话,不该讲话的时候,尽量要控制一下,这叫"耐得住寂寞"。这句话同样适用于营销。

前两年,我一个好朋友从新加坡回来创业。几年没见了,我想去他家看看。去之前总要带点礼物,因为朋友家有小孩,一定要给孩子带点礼物。听朋友说他家是女孩,却有男孩的性格,喜欢玩具汽车、飞机这些东西。于是,我到一个商场的五楼玩具专区挑选玩具,最终选中一款遥控飞机,价格很贵,但确实很漂亮。但我有些犯难,因为有黑、黄、红三种颜色,我不知该选哪一款。

正当我不知所措的时候,一个销售人员主动引导我:"我觉得红的好,选红色的一定是送给女孩子。另外,现在的小孩子都是老人在带,老年人更加喜欢这种喜庆的颜色。"我一听不错。正当我决定要买的时候,我还是要思考一下,因为掏钱的瞬间消费者都是相当痛苦的。我要延迟这种痛苦,我不讲话。那个销售人员感觉我们双方都不讲话,很尴尬。最后我想了不到1分钟的时间,决定买红色的。

我一抬头,刚想对她说:"开票吧。"那个销售员却又冒出这样一句话:"其实,我觉得黄色的也不错。"显然,她没有耐得住寂寞。虽然最终我还是买的红色，但是对这个销售员来说，她其实已经失败了一次，只不过是当时我有需求才买她的产品。

那些具备影响力的员工，在此时基本就不会讲话了，她会用含情脉脉的眼神盯着你。如果你还有问题，具有影响力的员工就会这么说："我觉得您选择红色一定是最正确的选择。"然后闭上嘴，继续含情脉脉地盯着你，这时你会很愿意选择这个产品。

所以，耐得住寂寞也是具备影响力的一种表现。

标准三：会说"大白话"。

我们说，会说"大白话"，不是让你满嘴跑火车，而是把专业化的东西说得通俗点。比如说，有些领域、行业的产品科技含量很高，可是老百姓或者客户是不懂的，这样他们就不会放心合作、购买。所以，需要专门有一类员工具备把一些科技含量很高的东西，用感性、直白的语言表达出来，将"专业术语与大白话做成一个有机的统一体"。

我本身是英特尔商学院营销管理专家，当年也是他们外聘的第一位讲师。英特尔是做芯片的，当时我和一个技术经理陪客户参观，并向他们讲解。技术经理讲芯片是什么，而我则告诉他们装有这样芯片的产品应该怎么卖。

趁着客户看产品的时候，技术经理和我聊天："尚教授，每次我们两个都配合得很好，但是每次都没有时间交流。"我说："好啊，现在有时间咱们就交流交流。"我问了他一个问题："什么是双核？"那个技术经理显然很吃惊："尚教授，您连什么是双核都不懂，就给我们讲课来了？"我说："我还真就不懂。"他说："尚教授，双核是基于单个半导体的基础上具有两个相同处理器的核心。"我说："我听不懂"。他说："这么简单的东西你都不懂？"显然在他的领域里这是他认为最简单的解释，但是外人却不懂。

此时英特尔华北区的经理过来了，说："尚教授，你说什么是双核？"我说："如果我来讲，我就用大白话的方式来讲，单核是有一个发动机，双核就像一个汽车有两个发动机。两个发动机的功率会比一个发动机的大。你在电脑上一边下载电影，一边打3D网络游戏，画面非常流畅，一点都不滞后，这就是双核。"

那些影响力很强的销售人员都会把一些理论性特别强的内容用感性直白的语言去表达出来，这就是我们需要的人才。

第四，具备取悦力——能够让客户持续愉悦

什么是取悦力？就是能够让客户持续感到愉悦。通过这么多年带团队的经验，我总结了四条标准：

标准一：能够懂得并做好个人网络营销。

具备取悦力的销售人员在平时生活中一定会写文章。这是一个人的感悟，一个人的沉淀，一个人经验性的总结。

我身边就有这样的人，一个很普通的销售人员，当沉淀到一定程度，感悟到一定程度，我把他调过来直接当经理。因为他知道该做什么，不该做什么。

我原来在外企当总监的时候，就天天写文章。国内有很多免费类的文章刊登网站，我把文章刊登在上面。然后，我把我的个人信息填上去，特别详细，这样可以体现我的价值。

在写文章时，我会写我这个行业里的内容。现在网络比较发达了，客户会借助网络来查一下你的底细。他只要一找，我那个文章就出来

了。我当年做销售的时候，大多数客户都是看着我的文章找到我的。因为通过文章，他们已经很接受、认可我了。

标准二：能够形成与客户的情绪同步，帮助客户解决实际问题。

销售的目的在于，产品能够满足客户的实际需求，帮助客户解决遇到的问题。从这点来看，优秀的销售人员在推销时不能只是一味地去介绍产品，而必须关注客户的情绪，要与客户的情绪同步，帮助客户解决实际问题。

我曾在中关村买了个笔记本电脑，自己对这些IT产品并不是很熟悉，结果在升级主板时，操作失误，把主板烧了。我去找售后更换主板，但售后认为这是我人为升级主板造成的，人为损坏，不予保修，想要修好，就要另花钱。这时我找到当年卖我笔记本的那个店长，我把事情经过跟他说了，希望通过他不花钱把我笔记本电脑的主板换了。

这个店长说事情有点难度，但可以试试。最后他到了售后服务处，滔滔不绝讲了半天，最后真的给我免费换了。我非常感谢这个店长。

后来，我们公司中层部门经理要配笔记本电脑，我当时正好没什么事，就主动承担了这项任务。于是我就去找那个店长，又从他手里买了几台笔记本电脑。此后的几年里，凡是公司买笔记本电脑，我都去他那里。

为什么？因为当初那件事我对他的感觉非常好。我希望感觉很好的这个人，继续给我提供服务。这个店长每隔一周给我发一条短信，每隔半个月给我打一次电话，这个度掌握得很好，因为过于频繁叫骚扰。平时想不起他来，只要一买东西，就想起他了。这个店长是一个取悦力很强的销售人员。

作为一名优秀的销售人员，只有始终为客户着想，把帮助客户解决问题当作自己的销售价值，客户才会接受你、信任你。

标准三：具备主动付出、"以其无私，故能成其私"的思维。

做销售要先付出，才会得到回报，不要永远想着从客户那里得到一些东西。老子的《道德经》里有这样一句话："以其无私，故能成其私。"就是说，你越不在乎的一些东西，结果却会得到；你越不和客户谈条件，越不在乎，客户对你的感觉越好。

我们公司有这样一个老员工，每到年底要评优秀员工的时候，他从不去争，而且主动退让，每年都是这样。在公司成立6周年之际，公司决定要给一名表现优秀的老员工重奖。结果公司所有的员工都推荐这位老员工，因为这位员工当年退得太多了，退得其他员工都不好意思和他争了，所以一定要给他，不要都不行。就是因为他前期付出了，后期才得到回报。具备这样意识的销售人员，他的取悦力肯定是很强的。

标准四：能够与客户建立"一见如故"的感觉，会使用"催眠式"语言。

一见如故，这是与客户沟通的理想境界。无论是谁，如果跟初交的客户有一见如故的能耐，他便能给客户留下亲切和深刻的印象，接下来的沟通也会变得顺畅。

美国前总统富兰克林·罗斯福跟任何一位来访者交谈——不管是牧童还是政客，都能用三言两语赢得对方的好感。为什么呢？因为他们在接见来访者的前一晚，都会花一定时间了解来访者的基本情况，特别是来访者最感兴趣的话题。这样，一交谈就能有的放矢，切中肯綮。

当然,"一见如故"的感觉,不一定是非要见面,那些具有很强取悦力的销售员能在电话或网络上营造出"一见如故"的感觉。这是能耐,是本事。

我还以前面那个一周转正的员工为例,能一周转正的员工肯定有很多独特的本事。在那段时间里,我发现这个员工每次给客户打电话的时候,都不是直接打,而是先去楼道里吼两嗓子。我很好奇,那天我就问他:"小王,你为什么给客户打电话前要先吼两嗓子。"

小王说:"尚老师,您没感觉吼两嗓子以后,我的声音很具有磁性吗?我给客户打电话时,通常都是前台接电话,而前台多是小女孩,小女孩一听我这种有磁性的声音,肯定对我有好感,所以电话很快就能转到客户那里去。"听了他的话,我对他也是越来越喜欢了。

想要与客户建立"一见如故"的感觉,还要会使用催眠式语言。什么叫催眠式语言?把话说到位,同样的话,取悦力很强的员工,只要一讲出来,客户就喜欢听。

举个例子,很多员工和客户签合同时都会说:"张老板,没有什么其他问题的话,您在这里签个字吧。"很多客户其实很反感"签字"、"画押"之类的字眼儿,一说这些就会联想到自己成了杨白劳,好像是把自己卖了似的。我们公司小王却非常会说话,他每次和客户谈成后,会这样说:"张老板,没有什么其他问题,您在这个位置上做下认可就行了。"签字意味着是被逼的,认可意味着是自愿的。

总的来说,站在一个合理的人才选拔的角度,要想找到"四力人才",平时就要多观察、多留意。

把好试用期的"检验关"

我们每个销售团队都要对选拔上来的人才进行试用期考核，不会因为他是"四力人才"，就不用考核了，像我说的一周转正的员工毕竟是少数。通过对试用期员工的忠诚度、执行力、组织协调力、业务能力、爱岗敬业等方方面面的考核，充分了解这个员工的复合度和稳定性，以达到留住合适的，淘汰不合格者的目的。

可是对于很多管理层来说，试用期试什么、怎么试、谁负责、试多长时间、如何评估、怎样沟通等一系列问题，并不都是一目了然的。长期以来，绝大多数公司在员工试用期满后的转正问题上都是跟着感觉走。试用期结束后要转正，但转正的依据是什么？凭感觉，认为差不多就可以了。至于为什么差不多，什么地方差不多，很少有细化和量化的东西为标准。

我在培训时，遇到过这样一家公司，他们从外面招来一位销售经理，希望在这个人的带领下能够使销售团队提升他们所在区域的销售业绩。试用期结束的时候，主管却还看不清他到底能不能带领团队提升销售业绩，只是觉得这个人"不错"，而且单位正好急需用人，所以就给他转正了。

至于转正的形式则更是简单，主管召开了一个转正会，大家说一些好话，提一些不痛不痒的建议就转正了。落在字据上的东西就是主管签字，人力资源部走流程走形式。

结果，这位销售经理在很长时间内也无法承担起提升销售业绩的责任，整个销售部群龙无首。竞争对手的销售业绩却频频提升，这个销售经理所负责的区域市场份额却节节下滑。最后，公司决定放弃这个销售经理。

其实，有时候全靠主管一个人的感觉，根本就靠不住，再加上转正流于形式——有些公司甚至会更简单，连形式都没有，流程也省了——这样转正的员工怎么能靠谱呢？

因此，我们在选拔人才时一定要把好试用期的"检验关"。按照《劳动合同法》规定，试用期须根据劳动合同期限长短而设定，一般不得超过6个月。如何在短短的试用期内对新员工进行有效的考核呢？

在考核之前，必须要建立考核制度，即"试用期转正考核相关制度与规定"。制度是大纲，是准绳，是公司开展这一工作的基础和依据。这就好比是盖房子一样，这是地基，只有地基稳了，房子才能建好。

一个好的转正考核制度主要包括以下内容：

1. 如何考核。（流程与步骤）
2. 考核什么。（考核内容）
3. 评分依据和标准是什么。（考核方法）
4. 谁来考核。（考核分工）
5. 转正合格评估标准与调薪。（结果应用）

在这里，重点是什么？重点是要考核人家什么？也就是考核的内容。

第一，对工作能力的考核

试用期内对新员工工作能力的考核，实际上就是通过"赛马"来"相马"的过程。那什么才算是有工作能力呢？能力怎么考核？要想在试用期对一个人的工作能力形成一种综合评价是很难的。怎么办？我认为，在试用期内对员工工作能力的考核应该侧重于以下3个方面：

侧重点一：过程与结果并重。

你想让一个新员工在短时期内就有高绩效，显然是不可能的。像那种一周转正的高效率员工毕竟少之又少，所以对于试用期员工的考核一定要注重结果与过程的结合。比如说，对销售人员的考核，不但要考核其实际完成的销售业绩，还要考核销售人员的市场分析报告、客户拜访、销售方法与策略等方面的工作。

侧重点二：计划与总结并重。

我们对新员工的知识经验很容易判断，但思维能力即工作思路却不容易掌握，而工作思路恰恰又是影响员工工作绩效的重要因素之一。所以，在他完成工作任务后，我们有必要询问他为什么这么做，对自己的工作的结果是否满意。

侧重点三："硬件"与"软件"并重。

我们在考察新员工在工作方面的"硬件"实力的同时，还要同时考察新员工的"软件"能力。比如说，作为一个外派区域销售经理，他除了具备基本的销售技能等"硬件"要求外，还要具备主动性、高职业化程度等"软件"要求。

第二，对工作态度的考核

在试用期内新员工的工作态度，我们是完全能够看出来的。一个人对工作的看法不一样，采取的行动也自然不一样。这背后就是一个人的价值观和成就动机在起作用。一个没有任何职业成就动机的人，很难说工作认真、负责、用心和勤奋，只有把工作当作生活重要组成部分的人才能勤奋敬业，仅靠装是装不出来的。

第三，与企业文化是否融合

新来的员工因与企业文化、价值观不能融合，而不能很好地融入企业的情况不在少数。新员工工作能力可能很强，但这并不意味着就会适合特定的企业文化。比如说，喜欢逞个人英雄主义的人，结果就会遭人排挤而被动离职。因此，在新员工试用期考核过程中，我们也要加强企业文化核心理念的宣传与引导，培养新员工养成良好的工作习惯，以及符合企业工作要求的行为模式和思维方式。

第四，坚持考察和指导并重

企业将为每名处于试用期的新员工设定指导人，指导人一般是新员工的上级或业务骨干。由指导人与新员工的直接上级共同制订指导计划，并根据新员工试用期的综合情况共同确定试用期的结果。

指导人不仅要做好"考官"，更应当好"教练"。通过各种方式的沟通、指导，帮助新员工了解自身定位、工作流程以及工作中存在的问题，在彼此之间达成共识，打消新员工在试用期间的种种顾虑，使其拥有一个较为宽松的工作环境，让他们放开手脚大胆工作。

总之，关于新员工的试用期考核问题，不同企业应采用不同的方式，最终目的是使其快速融入企业，取得良好的业绩，为企业创造价值，实现自身与企业的"双赢"。

警惕"资深的"新人

什么是"资深的"新人？一般来说，在公司待得时间长，却不能提升公司业绩的销售人员，都可以称得上是"资深的"新人。我将他们归结为以下三类：

第一类：爱耍嘴皮子的"老油条式"销售人员

大家在公司里有没有遇到过这样的人：有些人入职时间长，自恃资格老，光耍嘴皮子。尽管经验很多，但是他们在现代营销工作面前却更像是新人。

为什么会出现这种情况呢？因为在新技术含量不高的传统制造业，有一些表现平平、默默无闻的员工完成了大部分的基础工作。他们对于加薪、升职的要求不高，稳定性好，对公司忠诚度较高，是公司决策执行力的最好体现者。可是随着时间的推移，这些老员工见加薪升职无望，慢慢失去了工作动力，开始牢骚满腹，甚或利用制度的漏洞牟取私利。于是，他们便成了"老油条"。

以前，我们公司有一个老员工，是一个区域经理。每次出差回公司他都表现得如谦谦君子，特别是对高层领导毕恭毕敬，经常跑到领导的办公室里主动汇报工作，有意无意地对他管辖的区域粉饰太平。我们公司的高层领导被他的表面所迷惑，对他也颇有好感。

可是到了年底，当销售任务达成率揭晓时，这位老员工所负责的区域成了公司唯一一个销售出现滑坡、负增长的区域。最后，他被调离其管辖区域。

当公司重新派了一名认真负责的区域经理来接替这个区域的销售时，却发现了他以前在公司里的更多问题。这位老员工曾用各种方式大肆骗取公司的出差补助费，他还包庇自己区域做得差的经销商，不予整改和撤店处理，因为这些经销商都曾给过他好处；更为严重的是，他还主动让部分经销商不给公司下单，把订货单下到他指定的其他厂家，以此来中饱私囊。公司知道这件事后，把他开除了。

像这种问题严重的员工，公司给予开除的处分，并不过分。但有些"老油条式"的销售员，虽然业绩平平，难以开拓新局面，却凭一张嘴讨得老板喜欢，而且大错不犯，若真把他炒了，他们又大都掌握了公司的销售政策、质量事故等公司的重要机密，担心他会摇身一变成为竞争对手的宝贝。所以，很多决策者大都采取中庸之道：继续留用"老油条"，但要对其加强改造。

对于这种"老油条式"的员工最狠的方法就是"定期换防"。"定期换防"的时间要拿捏得正好，不要太长，也不要太短。最短应该是一年的时间，否则他因担心自己会被马上调离，导致对所管辖区域竭泽而渔，留个大窟窿让下任去收拾。最长不要超过三年，否则很容易导致业务团队里的"不法分子"与当地的经销商或客户形成盘根错节的人际关系，联合起来骗取公司利益。

对于这种"老油条式"的员工最简单有效的方法是，把这种业务"老油条"屏蔽在企业的招聘阶段。可惜，我们有太多的企业，特别是中小企业在招聘阶段都非常随意，没有联合人力资源部门形成结构化的面试和甄别机制，只能依靠企业个别优秀营销主管的判断力，是典型的"靠天吃饭"。因此，想办法让这样的"资深"新人止步于企业的招聘环节，是企业各位营销高管不得不思索的问题。

第二类：不思进取的经验型销售人员

公司里还有这样一些人：总用一些过时的套路来应对现代营销，结果在现代营销面前，这些人的套路根本不管用。

陈宇是一家公司的区域经理，在过去几年里，他凭着自己惊人的酒量、通宵达旦的豪赌、能说会道的本事，将产品的销售在当地做到了数一数二的地位。他当时也因为销售业绩突出，连续几年获得了公司的销售精英奖。可最近几年，陈宇越来越感觉力不从心，客户越来越实际、越来越刁钻，自己的思路也越来越跟不上客户的套路了。结果，公司产品在他所负责的这个区域销量一落千丈。为什么前几年的套路到现在就不好使了呢？这是陈宇百思不得其解的问题。

事实上，市场在变化，竞争更激烈，客户需求更复杂，这对销售人员的素质、能力、知识等要求都越来越高。以前的陪吃、陪喝、陪玩等方法，已经无法适应客户的需求。如果再不积极进取，不去提升自己，面临的结果就只有被淘汰出局。

对于这样的资深新人，唯有不断学习，做好各种基础工作，才能在销售界长久立足，才能与时俱进。我总结了几点经验以供大家参考：

第三章
融入新鲜血液

1. 利用"鲶鱼效应"

什么是鲶鱼效应？当初挪威人从深海捕捞的沙丁鱼，总是不到岸就死掉了。有一位聪明的渔民在沙丁鱼槽里放进了鲶鱼。生性好动的鲶鱼是沙丁鱼的天敌，鲶鱼会不断地追逐沙丁鱼。在鲶鱼的追逐下，沙丁鱼拼命地游，从而活了下来。这就是"鲶鱼效应"。

当一个团队中全是不思进取的"沙丁鱼"时，我们可以放几条活蹦乱跳的"鲶鱼"，通过"鲶鱼效应"使团队活跃起来。

当然，我们在在决定是否引进"鲶鱼"时，一定要看实际效果，即引进"鲶鱼"是否可以将企业内的一些"沙丁鱼"最大化地激活。如果引进过多，就会使一些本可以进取的"沙丁鱼"由于看不到希望而开溜。

2. 改变固有思维

一个实验课上，老师拿出一个装满石子的杯子问学生："怎样才能再往杯子里装东西？"学生感觉那是不可能的啊，杯子已经很满了啊。这时老师取出一些沙子装进了杯中，杯子看起来已经非常满了。老师又问道："还能再往杯子里面加东西吗？"学生们认为那是更不可能了，每个人都露出了犯难之色。这时老师又取出水杯，往装满石子和沙子的杯中加进了许多水。

对于很多不可能的事情，只要我们换个思维换个角度去看问题，事情就会变得明晰起来。销售人员在决定学习之前，一定要将腹中那些经验摈弃，不能因为自己在市场上打拼这么多年而自满。知识是在不断更新的，特别是现代零售知识也是随着市场的变化而变化的。今天你不学习，不更新知识，明天你那老一套在市场上就行不通，在市场上就站不稳脚跟。

3. 加强内部岗位轮换

销售员做一件事久了，虽然有了较为丰富的经验，但却容易对所从事的工作丧失"新鲜感"，重复的劳动会使人"机械化"。因此，在营销系统内部同等职位之间平调轮岗是很有必要的。同时，从个人职业成长上来说也需要完善不同岗位知识、技能。这也是一种实实在在的在岗培训，也属于一种福利。

第三类：光努力却不得法的平庸型销售人员

我们的团队中还有这样一种人：平时工作也很努力，拼劲十足，可是业绩就是上不去。对于种平庸型的销售人员，我们一定要改变他们的学习方法。

我们公司以前有一个叫郑晓宇的员工，他是一个既普通又特别的人。说他普通，是因为在众多的销售人员中业务能力一般，销售业绩平平；说他特别，是因为他已经年过三十，却还干着业务代表，与他同一批进来的销售人员大多数都已经晋升到了经理。

他自己也非常苦恼，他几次找我聊天，希望我能帮助他实现自我提升。可每次我给他建议之后，他虽然是接受了却始终不得法，还是在原地踏步走。最后公司只好把他调至办公室当主任，从此他便结束了销售行业的工作生涯。

没有哪个公司全是顶尖人才，对一些资质平庸的员工我们一方面要在招聘时把好选拔关，另一方面要为他们多提供方法，多做随岗辅导。在教给他们方法的同时，不要忘记指导、训练，使之能进一步提升。

如何培训你的员工

在实际工作中，没有多少人是天生的销售人才。因此选拔销售人员之后，企业还必须给予他们足够的培训，才能够有把握战胜竞争对手，完成销售目标。

当给员工做培训的时候，我们需要清楚他们到底需要什么。中医里讲，人缺什么就得补什么，培训也是同样的道理。一次富有成效的培训，应该使你的手下业务员信心大增，激情高涨；而不成功的培训会使业务员感到自己的销售处处都有错误，进而神情沮丧，一蹶不振。身边很多经理人和我聊天时，常唉声叹气："我们公司培训活动开展的不少，培训讲师聘请的也不错，培训费用投入也很多，为什么培训的效果总是不理想呢？"

为什么培训的效果总是不理想呢？其中销售人员反映最强烈的是培训方式的问题。比如说，培训方式过于死板、陈旧，多是讲师滔滔不绝、讲个不停，偶尔夹杂些互动成分在里面。学员总是处于被动接受的过程，难以从中收获永久珍藏的培训记忆和参与的满足感。在这种情况下，很多企业"赶鸭子上架"，这样的销售人员上了战场之后的结果可想而知，在顾客全天候的"折磨"下，大部分人就慢慢"阵亡"了。

对此，我也是深有感触。前一段时间在南京讲课，借机逛了下珠江路和新街口的几大知名IT卖场。我当时看到了某款商用台式电脑，就要求销售人员介绍一下产品的性能。小伙子很卖力气，跟复读机似的开始背产品介绍的套话。他讲完后，我记住的只是他说电脑采用的是AMD的处理器。这时我就问他AMD和Intel的到底有什么区别，希望了解一下比较详细的技术参数。结果，小伙子说了半天也说不清楚——看对方的一头汗，自己也感觉不"忍心"了，就放过他吧，估计他自己也不是很清楚。

无奈，我又转到另一家店。一进门，销售人员就对着一款高档的笔记本电脑开始滔滔不绝地对我"演讲"。我说我要购买商用台式机，这个销售员很"直白"地对我说，现在大家都买笔记本电脑了。听完我心里相当不舒服，难道买台式机的人全都落伍了吗？

后来，我又到了这个品牌的竞争对手那里，看中了两款商用台式机。于是我问销售人员这两款机器的区别和各自的优势是什么。这个销售员30多岁，非常礼貌客气，他先让我在休息区坐下，然后慢慢向我讲解。

他介绍说，这两款台式机都是专为中小企业及大型企业客户提供更强的性能、安全性和节能性的机型。与一般台式机相比，这两款机器都非常省电，与前代的桌上型台式机相比，能够节约70%的能源，不但可以帮助您的公司节约办公费用，同时，更有利于保护环境资源……

在经历了前几个销售人员的"无知"之后，这位导购认真专业的解答虽然没有消除我全部的疑惑，但是已经让我对产品有一个比较清晰的认识。因为这次的目的不是为了买电脑，所以暂时没买。

从上面我的亲身经历中可以看出，终端销售人员的销售技能和专业知识对销售成功与否起着至关重要的作用。特别是像IT产品，专业性比较强，这时就更需要导购人员不但有高超的销售策略，还要熟练掌握并运用专业知识。

因此，如果我们想要培训达到预期的效果，培训就不能走过场，单调无味的培训形式肯定会让学员们感到无趣和反感。好的培训方案只是初步的想法，要把想法落实，除了公司提供的培训之外，作为销售经理的日常性培训更为重要。我把这几年的培训经验总结一下，以供大家参考：

1．"一对一式"培训

很多企业培训都是以确定的主题，在会议室或教室进行讲解、讨论和分析。这种培训一般都是集体式培训，所有销售人员一起参加，培训形式刻板，内容多停留在理论阶段，效果大多只能停留在表层，不能深入和强化，不能充分与实际工作相结合。所以，这种培训不具备针对性。我们可以选择一对一沟通，对员工有针对性地进行培训。

2．餐桌交流式培训

情绪比技能更重要。销售人员在工作中经常会遇到各种各样的问题，因而难免会有不良情绪，如何疏导不良情绪、缓解心理压力呢？我们可以在餐桌上做交流式的培训，经常来个小聚餐，借工作餐的时间，进行情绪引导，提高其工作激情。

3．娱乐竞赛式培训

团队文化是管理销售人员的先进手段，团队文化可以增加员工的归属感、纪律性、协作意识及高度的责任感。因此，在业余时间可以多进行一些富有娱乐性和实战性的团队竞赛式的培训，让枯燥的产品知识变成有趣的活动，使员工更主动、更乐意、更容易达到技能培训的效果。

我曾经策划过一个比较有趣的团队竞赛式培训——产品促销辩论赛。为了让销售人员迅速掌握产品特点并提高实战水平，将销售人员分成两组，分别代表我方产品和竞争对手的产品，各找论据，进行合理有效的终端拦截。如此几个回合，双方便将产品的卖点甚至同行业的相关知识都了如指掌。

4. 相互学习提高法

在日常工作中，销售人员应该相互学习与交流，扬长避短，提高销售人员的整体服务水平，从而提高销售业绩。这种培训工作可由销售经理来组织，在日常工作中进行，不必专门组织时间进行培训。平时多引导销售人员自发地成为一名知识型的销售顾问，不定期地对产品知识进行回顾和情景演练，多购买一些产品相关知识的书籍一起学习讨论，是让销售人员具备较强推荐力的前提条件。另外，培训者还可以循循善诱地让他们对知识进行整理、串联，通过情景演练、活学活用的方式进行强化，从而让他们能够把各种知识运用自如。

其实，培训方法有很多种，销售人员不一定要千篇一律地去学习某一种。要知道，作为一种学习的方式，怎么把学习的东西记住，并能够运用到实战中获得业绩的提升，才是培训的最终目的。

在这里，我还要提到另一种情况，对于销售经理来说，如何提升团队的整体实力呢？

很多从销售明星升为销售经理的人都会说，我两年来完成的销售量最多，我对公司最大的贡献就是比别人为公司赚了更多的钱。如果你是一位业务员，你这样说确实没有什么毛病；但如果你是一个销售经理，你就不能这样说。因为你的能力不能体现在你一个人身上，而是要让你的销售团队一年能达到多大的销量，赚回多少钱。

第三章
融入新鲜血液

如果你以前是一个超级销售明星，那么成为销售经理后，你最应该做的就是把整个销售团队的成员都培养成像你这样的销售高手。

每个人的时间和能力都是有限的。作为销售经理，不管多么能干、精力多么充沛，也不可能事必躬亲，独自去完成所有销售目标。我们也不可能依赖一两个能干的下属就能完成销售任务。我们必须使每一名销售人员都成为英雄，成为我们的好帮手，才有可能完成企业的销售目标。而要使每一个下属都成为优秀的销售人员，我们必须给予他们专业的培训及指导，使每一个业务人员都懂得如何有效率地做好销售工作。

假如说，你手下有三名销售员：其中一名能力非常强，已经越来越接近于你；而第二名则是业绩平凡，但能及格完成任务；第三名没有什么业绩，而且总不能完成任务。那么，作为销售经理你如何对他们进行管理呢？

对第一个销售员，你可能不会太去管他，因为什么事都不用你操心；对第二位销售员，你会督促他，有时也参与他的业务，关键时刻还帮他一把；而你的精力最多的则是放在第三名销售员身上。你可能会和他一起拜访客户，分析推销不成功的原因，提高他与客户的沟通能力和推销技巧，力争让客户满意。你之所以这样做，是因为怕他完不成任务，拖整个销售团队的后腿。

当然，你也可能会把精力集中在第一名、第二名销售人员的身上，好让他们做得更好；而对第三名销售员，你并没有指望在他身上出成绩，让他自生自灭好了。

很显然，作为销售经理你对这三名销售员的管理举措，都是以达成和超过销售目标为目的的。但从团队发展战略来看，你还要有一个长期的培养目标。你应根据这三个人的特点和潜力，确定你的培养目标。比如说，第一名销售员最后可能成为未来的销售经理，第二名要成为出色

的业务员，第三名则需提升销售技能。然后把他们现在的表现和未来目标对比，分析三个人的优缺点，确定他们每个人需要在哪些方面提高。这样你就会有意识地在管理中进行指导，不会顾此失彼。

第三章
融入新鲜血液

实现人才的有效复制

大家都知道麦当劳、肯德基，它们在国内各个城市都有分布。这两家快餐店深知"复制"的重要性，它们将西式快餐的工业化生产、标准化操作、科学化管理，以及战略规划、经营理念等迅速移植到全球连锁化经营的每一家餐厅，所以我们到每家麦当劳、肯德基店里，感觉都是一样的。

在市场化的今天，不仅经营模式可以复制，人才同样可以复制。人才的复制就是将单个人才通过培训等方式培养出多个同样类型的优秀人才。为什么要进行人才复制？现代销售团队的竞争其实就是人才的竞争，抢夺人才已经成了很多销售团队的最高竞争战略。

我们看看现代销售团队，基本上是人才三年一流失，团队面临的永远是无法担当的销售经理，这时该怎么办？

核心销售人才不断流失，刚上任的新手还不能独当一面，团队重大销售工作经常后继无人，这时又该怎么办？

平时培训费没少花，但培训的知识不能很好地沉淀，技能不能很好地复制，结果还是有人不断犯一些低级的错误。

这时我们如何才能打造一个不依赖于个别精英的人才复制系统，建

设出一支训练有素的销售团队呢？著名精益运营管理专家姜上泉创造了人才复制模式"六定法"，很多高管非常关注这门课程。我们可以将人才复制模式"六定法"应用于销售团队中进行人才复制。这"六定法"包括：定标准、定等级、定数量、定时间、定导师、定课题。

人才复制模式"六定法"可以解决销售团队面临的人才培养周期长、培训成本过高、内部经验共享与传承不足、培训中理论脱离实际等一系列棘手问题，并能有效复制销售人才。

第一，定标准

所谓定标准，就是我们在培训人才时需要达到一个什么样的标准。比如说，司机要有驾驶证才能开车，否则会被罚款或拘留的；医生要持有执业资格证书才能从医，否则就是非法行医，要被追究法律责任；厨师要有厨师证，否则拿把菜刀会切菜的也可以叫厨师了。同样，销售人才的培训，也需要执行这样的持证上岗制度。

第二，定等级

定等级就是明确管理岗位分为多少个等级，如一个销售团队有销售人员、基层销售经理、中层销售经理、销售总监等。要按每个等级进行有针对性的人才培训。

第三，定数量

定数量就是明确团队内每个等级考核达标的人数，每级达标人数作为对部门主管人才培养的考核指标。

第四，定时间

定时间就是指在什么时间范围内员工应该具备哪些能力、掌握哪些知识、会有哪些解决方案。在一个优秀的销售团队中,"员工的成长不是等的而是被逼的",要做到快速复制人才,定好时间是非常重要的。

第五,定课题

定课题包括两层含义:一是依据各技能标准与等级明确培训的内容;二是依据工作中的问题进行课题改善攻关。

第六,定导师

我们说的导师并不是传统意义上的师父,这里的导师指的是那些必须要经过相关资质考核,相当于六西格玛中黑带大师级的人物。他需要带领团队完成一系列的课题改善攻关活动。

大家都知道宝洁公司,我们平时用的飘柔、潘婷、海飞丝、佳洁士、吉列等都是它旗下的品牌。作为目前全球最大的日用品公司之一,为什么它就能做到全世界快速消费品第一名?宝洁的高管这样说:"是因为我们的导师制度执行得非常好,我们的每一位主管都是一个好的教练和导师,能够随时随地在非正式环境中辅导我们的员工。"

SECRETS
OF POWER
SALES TEAM

第四章
完善绩效考核

常见销售人员绩效策略比较

绩效，从字面意思分析，是绩与效的组合。"绩"就是业绩，"效"就是效率，是一种行为。绩效有员工绩效和组织绩效两种，我这里说的是销售人员绩效，就是销售人员在某一时期的工作结果、工作行为和工作态度的总和。

销售人员绩效策略有很多，每种方法各有优缺点，必须视具体情况和条件采取不同的策略。这里我把常见销售人员绩效策略进行一下简单的比较，以供大家参考。

第一，比较法

比较法是指将不同员工之间的绩效进行比较考评的一种评价系统。比较法按照实施程序可分为排序法、平行比较法、硬性分布法 3 种。

1. 排序法

排序法就是把要参与考核的销售人员，按照设定的指标，从最好一直排到最后一名，每个人的得分与其他人不能重复。如果有 10 个人参与考核，他们的排名就只能是从 1 到 10。

应用排序法最重要的是指标的选取，也就是衡量标准的选取。那么

我们根据什么指标来排的呢？比如，针对销售部门人员就可以制定一个销售利润的指标，根据这一指标进行排序。谁拿的单子利润总和最大，他的排序就最靠前，就是第一名。其次第二名、第三名，谁的利润最小就排在最后一名。这样可以直观地对参与考核的销售人员进行评价。

此方法的特点是简单易行，但考核指标过于简单，不能全面地反映综合素质，所以仅适合于正在起步的、相关考核体系不健全的企业采用。

2. 平行比较法

平行比较法就是选取几个相关的指标，对销售人员进行比较。比较结果不用数字排名，而是采取在每个项目上做得好坏或正负来比较，最后将每个人在所有项目上的好坏数量加总进行比较。

比如说，我下面一个销售部门里共有5个员工。我选定一项衡量指标，标上谁好一些、谁差一些。A跟B相比打一个分数，A比B强，A就是"+"号，B就是"-"号；排完以后，A再跟C比，在这项指标上谁好些，谁稍微差些；比完了以后，A再跟D和E比。用A比完了四个人，看这里面A比谁更好一些，比谁更差一些，A一共有多少个"+"号。然后，B再跟C、D、E比。当然参考的都是同一种衡量标准，如销售业绩、开发新客户的人数。

这种方法的优点是简明扼要、一目了然，对涨工资、发奖金、提升具有决定性的作用；其缺点是过于简单，而且人和人比较，用的指标不全面就会造成结果的片面；同时，这种方法主观随意性较大，对考评人要求较高，要有能力做到公正客观。

3. 硬性分布法

硬性分布法就是硬性要求一个团队的员工考核结果按照正态曲线

分布，可以选出一些指标来，但是整个营销队伍考核的最终结果应该是好的占到10%，差的占到5%—10%，其余大部分人员在中间位置上。

这种方法的优点是方法简单，划分明确；缺点可以想象，如果一个部门全部是优秀人员，则部门经理可能难以决定应该把谁放在较低等级的小组中。

从以上三种方法来看，比较法的优点是成本低、好学易用、花费的时间和精力较少，一定程度上避免了宽厚性误差（不能给每个员工都评优秀），容易作出决策。

其缺点是判定绩效的评分标准过于模糊，评定过程中主观随意性较大，评定结果不能以客观明朗的方式反馈给员工，不能激励进步的员工，无法公正地对员工作比较。

第二，关键事件法

关键事件法是由美国学者弗拉赖根和伯恩斯共同创立的，它是指日常考核过程中，观察、书面记录销售人员有关工作成败的关键性事实，从而构成考核依据，最终得出考核结论的方法。

在关键事件法中，管理者要将销售人员在考核期间所有的关键事件都真实记录下来。此法要求对每一个被考核者，考评者都要留有一本"绩效考核日记"或"绩效记录"，以作为考核时的依据。

关键事件法要求所记载的事件应该既有好事，也有不好的事情。而所记载的必须是比较突出的、与工作绩效直接相关的事，而不是一般的例行工作的琐碎事。另外，记载要求应是具体的事件与行为，不是对某种品质的判断，如"这个人不够诚实"。

用什么来记录关键事件呢？采用的是 STAR 法，是由 4 个英文单词的第一个字母表示的一种方法。Star 的英文翻译是"星星"，所以此

方法又叫星星法。

这个星星有4个角，分别代表了关键事件记录所需要的4个方面：

S——Situation（情境）：这件事情发生时的情境是怎样的。

T——Target（目标）：为什么要做这件事，原因是什么。

A——Action（行动）：当时采取了什么样的行动。

R——Result（结果）：采取这样的行动得到了什么结果。

1955年，美国通用汽车公司运用了关键事件法对员工的绩效进行考评，并获得了成功。

通用汽车公司首先成立了一个委员会，专门负责这项工作。该委员会根据公司的实际情况，制订了几个考评项目：体质条件、身体协调性、算术运算能力、了解和维护机械设备的情况、生产率、与他人相处的能力、协作性、工作积极性、理解力，等等。

然后，要求公司的一线领班，根据下列要求，对各自部下最近工作的关键事件进行描述：

1. 事件发生前的背景。
2. 事件发生时的环境。
3. 行为的有效或无效事实。
4. 事件后果受员工个人控制的程度。

比如说，一位主管对他的一个下属的工作"协作性"是这样记录的：

有效行为：虽然今天不是轮到杰克加班，但他还是主动留下来加班到深夜，协助其他同事完成了一份计划书，使公司在第二天能顺利与客户签订合同。

无效行为：总经理今天来视察，杰克为了表现自己，当众指出了汤姆和迈克的错误，致使同事之间关系紧张。

通过关键事件法，出现了令人吃惊的结果：员工的有效行为越来越多，公司的效益也直线上升。

关键事件法一般不能单独使用，它只是整个考核体系中某类特殊事件应采用的方法。因为，关键事件不是每天都发生的，它们是一些特殊的事项，特别好的或特别坏的。所以这个考核方法只是辅助性的，是为了给整体考评提供帮助。

此方法的优点是有理有据、成本较低。如果及时反馈，能迅速提高销售人员的绩效；如果反馈不及时，不断积累小过失，可能会是销售人员离职的主要原因。

第三，目标管理法

目标管理是指由下级与上司共同决定具体的绩效目标，并且定期检查进展情况的一种管理方式。由此而产生的奖励或处罚则根据目标的完成情况来确定。它是众多国内外企业进行绩效考核的最常见的方法之一。

要成功运用这种方法，需要有一种积极参与和比较开放的企业文化，较强的企业凝聚力和敢于变革的企业精神。为了使目标管理更富有成效，企业应当在应用这种方法之前先对自己拥有的类似资源作调查。

目标管理法的具体实施可以按以下4个步骤进行：

1. 设定目标。设定目标从明确组织战略开始，自上至下逐级分解组织目标；在分解过程中上下级共同确定各层级绩效目标，确定后上下级就绩效标准及如何测试一定要达成共识。

2. 实施目标。要确定目标达成的时间框架，并确定各项绩效目标、绩效指标的重要程度，上下级就绩效目标完成的时间期限进行沟通并确认。

3. 信息反馈处理。将实际绩效水平与绩效目标相比较，发现异常的绩效水平要及时分析产生的原因，并提出绩效改进措施，上下级之间就改进措施达成共识，制定解决办法和矫正方案，为目标修正提供反馈信息。

4. 检查实施结果。在以上修正的基础上，考虑客观环境的需要，设定新的绩效目标。根据组织战略及评估结果，调整绩效目标；为新一轮绩效循环设立标准；上下级共同确定各层级绩效目标并就如何测试达成共识。

目标管理法的优点：

1. 容易将员工的个人目标与组织目标关联起来，驱使员工把时间和精力投入到能最大限度地实现这些目标的行为中去。

2. 如果目标制订得很清楚的话，可以减少绩效考评时双方意见不一致的可能性。

3. 目标管理较为公平，因为绩效标准是按相对客观的条件来设定的，因而评分没有偏见。

4. 使员工在完成目标中有更多的切身利益，对工作环境的认同感加强，也更愿意接受组织的管理。

5. 使员工与管理人员之间的沟通变得更好。

目标管理法的缺点：

1. 如果目标设置不当，很容易引起短期行为，不利于团队长期的发展。

2. 在绩效考核过程中，有一些不可控因素，会影响绩效结果的客观表述。

第四，行为定位等级评价法

行为定位等级评价法是通过一张行为定位等级评价的表格将各种水平的绩效加以量化，用反映不同绩效水平的具体工作行为的例子来描述每一个特征。

行为定位等级评价法实际应用过程中有 5 个步骤：

1. 工作岗位分析：进行岗位分析，获取关键事件，由主管人员作出明确简洁的描述。

2. 建立绩效评价的等级：一般分为 5—9 级，将关键事件归为若干绩效指标，并给出确切定义。

3. 对关键事件重新加以分配：由另一组管理人员对关键事件作出重新分配，把它们归入最合适的绩效要素和指标中，确定关键事件的最终位置，并确定绩效考评指标体系。

4. 对关键事件进行评定：审核绩效考评指标等级划分的正确性，由第二组人员将绩效指标中包含的重要事件由优到差，从高到低进行排列。

5. 建立最终的工作绩效评价体系。

这种方法的优点是可以有效地指导销售人员的行为，有利于及时改进，同时等级的标准具体、明确，各种要素之间比较独立、不互相依赖，具有较好的连贯性和可靠性。

此方法的缺点是，首先需要花大量的时间和精力做前期的准备工作，整体实施的成本比较高，各种行为对公司的整体发展而言，后果不是统一的，被评估者的行为很有可能处于量表的两极。

第五，尺度评价表法

这个方法是按照工作岗位的要求，对销售人员同时设定几个评价指标，每个评价指标又分为 5 等作为尺度，这样每个人的评价结果是独立的，最后再汇总评价结果进行总排名。

此方法的优点是比较实用，易于理解，应用成本较低，人力资源部门开发较快，适用于组织中的全部或大部分工作。

此方法的缺点是判定绩效考核方案的准确性不够，不能有效地指导行为，不能拥有反馈效果，更不利于负面反馈。

第六，360 度绩效考核法

360 度绩效考核法，也叫全方位考核法，是指由员工自己、上司、直接下属、同事甚至客户等全方位的角度来了解个人的绩效，对沟通技巧、人际关系、领导能力、行政能力等综合素质进行打分，同时对关键业绩指标进行量化，按照期初计划指标完成的情况，计算得分，最终达到全方位考核的目的。

通过这种理想的绩效评估，可从这些不同角度的反馈清楚地知道自己的不足、长处与发展空间，使以后的发展更为顺畅。因为我们销售人员直接面向市场，接触客户，因此这个方法特别适用于销售人员的绩效考核。

此考核方法的优点：

1. 信息是从多方面收集的，因此结论会比较客观公正，避免了私人恩怨的打击报复，或者个人有意无意的主观影响，收集的信息质量比较好。

2. 此方法注重外部客户和工作小组这些因素，因此加强了部门之间的沟通，增进企业内部的员工交流，使员工在以后的工作中互相协作，提高团队效率。

3. 来自同事和其他方面的信息，有助于员工全面地了解自己，达到不断学习进步和提高自我的目的。

4. 此种考核结果客观公正，人力资源部门依据它实行的奖惩措施较易推行，员工会支持，管理层也会比较满意。

此考核方法的缺点：

1. 这个方法综合各方面的信息得出结论，增加了系统的复杂性，会使最终的结果难以清晰地反映实际情况，无法做到有的放矢的反馈与改正。

2. 考核成本高。当一个人要对多个同伴进行考核时，时间耗费多，由多人来共同考核所导致的成本可能会超过考核所带来的价值。

3. 考核培训工作难度大。组织要对所有的员工进行考核制度的培训，因为所有的员工既是考核者又是被考核者。

绩效管理与绩效考核的区别

现在我们国内很多公司越来越重视绩效管理，很多管理者在一起都会高谈阔论绩效考核和绩效管理。其实，多数人只知道绩效考核，根本不知道什么是绩效管理，或者他们嘴里讲"绩效管理"，但内心并不真正理解绩效管理的目的。

有些销售经理对于所谓的绩效管理是年年做、月月做，甚至周周做。然而，我看到过许多企业所做的绩效管理，充其量就是绩效考核，而且是很原始的那种考核，根本算不上真正的绩效管理。因此，要了解绩效考核和绩效管理之间的区别，就必须首先弄清楚什么是绩效管理和绩效考核。

销售经理小李最近有点烦，坐在办公室，冲着墙上那张《月度销售统计表》不断叹气。一想到这个月不断下降的销售额，小李就有点头疼：这个月的销售考核表该如何填呢？

不仅如此，现在是天天填表，月月填表，还有公司的季末、年中、年末"绩效管理"要做。业绩上不去，什么都白搭。考核考核，公司考核他，他也得考核下面的员工，天天讲管理，月月要填一堆表，这销售还做不做？

现在，小李根本没有精力与心思去管销售了。小李叹了一口气，自言自语道："管理是为市场服务的，不以市场为主，这管理还有什么意义？考来考去，考得主管精疲力竭，考得员工垂头丧气，销售额怎么可能不下滑？"不过，小李得要应付，否则，一个大帽子扣过来，自己吃不了还得兜着走。

最后，不管愿意不愿意，表还得填，管理还得谈，业绩还得提高。于是，小李给每位员工发了一份考核表，要求他们尽快完成自评工作。自己填表也是驾轻就熟，花了10分钟就搞定了。

相信这样的情形很多团队的销售经理都经历过或可能仍在经历着，但作为销售经理的你是否考虑过：这样的绩效考核到底有什么用处？这算不算是绩效管理？

从人力资源部角度来讲，小李上交到人力资源部的考核表基本上都被放在某了角落里，可能被封存，可能被遗忘！但是到了各级管理者手中，它像一个死程序、死循环一样，日复一日，年复一年地在重复使用着。

从员工来讲，年复一年、重复撰写的工作总结，公司和管理者根本就没有仔细看过，考核真的成了一种形式，只要别出错，结果差不到哪里去。平日再用力，不如年底一锤子。只要年底努把力，考核结果准不错。

从管理者来讲，平时工作已经够忙了，人力资源部还要插一杠子。假如公司废除考核或将考核权交给人力资源部，那将是一件大快人心的事。

但从实际情况来看，小李部门的销售运作并不是很好。他的员工不

能按要求完成任务，他们对谁应该做什么不是很清楚，造成有些事没有人做，而另外的事大家又重复做；同一个错误重复发生，致使每个人都感到手足无措，但是似乎没有人知道为什么会这样。大多数情况下，小李对正在发生的事都不太清楚，他只知道他很忙，他的员工也很忙，经常忙得不知道为什么忙。

事实上，小李所做的事并不是绩效管理，这只能算是绩效考核，甚至只能说是绩效考核中的一个环节——绩效评估。目前很多公司把填表和交表当成全部的绩效管理了，而事实上它在绩效管理中投入的精力应该是最少的！也就是说，我们不能简单地将绩效管理理解为绩效评估，更不能将绩效管理看作是一件孤立的事，不能认为它只是反映过去的绩效，而不是未来的绩效。

那么什么才是真正的绩效管理呢？用专业一点的话说，绩效管理是指各级管理者和员工为了达到组织目标共同参与的绩效计划制订、绩效辅导沟通、绩效考核评价、绩效结果应用、绩效目标提升的持续循环过程。它是一个完整的系统，而不是简单的任务管理或单一的绩效考核；不是填填评价表；不是找员工的错，记员工的黑账；也不是迫使员工更好或更努力工作的棍棒；更不是只在绩效低下时使用的工具。

那什么是绩效考核呢？它是团队在既定的战略目标下，运用特定的标准和指标，对员工过去的工作行为及取得的工作成绩进行评估，并运用评估的结果对员工将来的工作行为和工作业绩产生正面引导的过程和方法。

管理者对员工进行有效管理、工作分派、薪酬制定的主要依据就是绩效考核。通过对员工进行绩效考核，可以了解其在工作岗位上干得怎么样、是否称职、是否达到预定目标、是否可以胜任更高一级的工作、是否需要培训等。以此确保员工的工作成果与企业目标保持一致，并以此作为确定员工合理的晋升和奖惩方面的决策。

绩效考核只是绩效管理的一个阶段，一个环节。绩效管理的目的是让团队既"做正确的事"，也"正确做事"，以推动企业绩效的整体改进。绩效管理过程中的绩效考核，不仅针对员工，同时针对各层级的管理者，包括最高层管理者。

绩效考核的结果不仅仅是职级升降、实施奖惩的依据，更重要的是作为绩效改进的重要依据。通过绩效评估、绩效诊断，找出影响绩效的根本性问题，形成绩效改进措施。通过绩效沟通辅导和绩效激励等手段，提高管理者和员工的系统思考能力和系统执行能力（不仅是员工工作主动性和执行能力的提高），推动企业整体绩效的迅速提高。

总而言之，绩效管理是管理者和员工对话的过程，目的是为了帮助员工提高绩效能力，使员工的努力与公司的远景规划和目标任务一致，使员工和公司实现同步发展。

如何设计绩效考核指标

在谈到如何设计绩效考核指标前，我们先来说说什么是绩效考核指标。要知道，人力资源管理的核心是绩效管理，绩效管理中最重要的环节是绩效评价，而绩效评价是通过考核绩效指标来体现的。绩效考核指标就是结合组织特性将品德、工作绩效、能力和态度用科学方式划分出项目并确定标准，用于绩效评价与业绩改善。

对于很多管理者来说，做好员工绩效管理工作，最难的事莫过于教会"顶头上司"给他们的下属设计绩效考核指标。

第一，设计绩效考核指标易出现的问题

很多企业在设计考核指标时没有足够重视，在没有真正想清楚前就仓促上阵。

有一次，一个很久未曾见面的朋友给我打了一个电话，他说："兄弟，听说你在管理咨询公司工作啊？"我说："是啊！有什么问题吗？"他说："那太好了，兄弟，你现在可要帮帮我啊！"

接着，这个朋友就跟我讲。他现在在一家公司做人力资源部经

第四章
完善绩效考核

理,公司从今年年初就开始搞绩效考核,每月都对员工进行考核,而且考核结果都比较理想,可是公司的业绩就是提不上去。他让我分析一下问题到底出在哪里。

朋友把他们公司的绩效考核制度给了我。通过研究分析我发现他们公司的考核制度在考核方法等方面都不存在什么大的问题,唯独在考核内容上存在着大问题。于是我就问他:"你们公司的考核指标是谁定的啊?"他说:"我定的,我从网上下载的。"我说:"原来是这样啊!"

这也许是很多企业都存在的问题。很多公司老板在搞绩效考核时,并没有考虑到自己的人力资源部经理是不是具备这方面的能力,就让其实施考核标准,所以才会出现我朋友公司的这种情况。

还有一种情况,就是由于年底总结性工作比较多,一旦时间安排不妥当,留给制订下一年度绩效考核指标的时间将非常有限。特别是那些没有专职团队做绩效考核的企业,如果业务部门忙于年底冲刺,没有精力来处理相关事宜,也容易造成下一年度绩效指标的制订流于形式、草草了事。

小郑是公司的绩效经理,年末公司要求他制订下一年度绩效考核指标。可是由于人手有限,加上年底工作比较繁忙,小郑没办法,只好把去年制定的绩效考核指标修改一番交给上级审批。结果,老板认为绩效考核毫无新意,缺少对薄弱环节的关注,对公司战略目标把握不准,需重新拟定,并要求年底前完成。时间紧、任务重,小郑一时不知如何下手……

其实，大多数企业中普遍存在像小郑这种情况，公司领导对人力资源部门提交的绩效考核指标一般都不满意。各个部门提交的指标也都是各自做得好的方面，做得差的指标都一概不提，即使稍稍点到，其所占权重也并不会影响到整体的考核成绩。此时，如果人力资源部门对各个部门的主要业务不是十分了解，提出修改意见就会更加困难，结果在递交考核指标时难免会让领导不满意。

像上述两种情况只是在设计绩效考核指标时出现问题的冰山一角。一旦运作起来，要么歧义丛生，莫衷一是；要么似是而非，不知所云。落实到"指标责任书"上时居然也只是"营业额达到×××元"、"客户满意度不得少于80%"一类，表达不确切。那么，我们如何设计绩效考核指标呢？

第二，设计绩效指标要回答的问题

按照规范的做法，一项绩效考核指标至少要回答以下问题：

1. 这个绩效考核指标的正式名称是什么？
2. 这个绩效考核指标的确切定义怎样阐述？
3. 设立这个绩效考核指标的直接目的何在？
4. 围绕这个绩效考核指标有哪些相关的说明？
5. 谁来负责收集所需要的数据，用怎样的流程来收集？
6. 所需要的数据从何而来？
7. 计算数据的主要数学公式是什么？
8. 统计的周期是怎样的？
9. 什么人负责数据的审核？
10. 这个绩效考核指标用什么样的形式来表达？

第三，设计考核指标的原则

国外有的管理专家把绩效考核指标的设计规范归纳为"SMART"。当然，在这里它不是英语单词，而是5个单词的首字母合起来的一组符号，一个字母一个含义：

S——Specific（具体性）：指绩效考核指标设计应当细化到具体内容，即切中团队主导绩效目标的，且随情景变化而变化的内容。

我们在设计考核指标时一定要具体。现实中最常见的情况就是有总体目标，却没有具体的目标。比如说，有的公司制订的目标可能是：明年的销售额要增长到5 000万，假如分配到一个销售部门是每年800万，那么这个销售部门应该怎样去衡量这个目标？有没有规划过具体的目标？比如说每天多少、每人多少，成本如何控制，销售费用如何投放，营销部门是要增员还是通过培训来提高现有人员的水平……这些都没有具体的方向。说白了，这种目标完全是一种口号式的目标，没法具体指导实际的销售工作。显然，没有明确衡量标准的目标是没有实际指导意义的。

销售团队作为终端销售，业绩是最重要的，所以，在设计考核指标的时候尽量将目标量化。比如，制订本月的目标为"销售收入要比上月增长12%"，这就比含糊其辞的"尽最大努力提高本月的销售收入"、"争取本月的销售收入有所提高"等要有效得多。

那么要如何将考核指标具体化呢？

培训工作，可以用培训时间、培训次数来衡量；制度工作，可以用制度制定的数量、违反次数来表示。难以量化的是那些比较笼统、很难直观体现的工作，而且即使量化了也不一定做到全面、客观。对于这类工作，我们可以采取目标细化的方式。首先对该职位工作进行盘点，找出该职位所承担的关键职责，然后运用合适的指标进行量化。这样，经过细化的指标就基本上能够涵盖其主要工作。

不能细化的尽量流程化。职能部门有很多岗位，工作比较单一，往往一项工作做到底。这种工作用量化、细化好像都无法准确衡量其价值，如卖场中的财务人员。针对这种工作，可以采用流程化的方式，把其工作按照流程分类，从中寻找出可以考核的指标，再进行目标转化。

M——Measurable（可衡量性）：指绩效考核指标应当设计成员工可以通过劳动运作起来的，结果可以量化的指标。

如果设定的指标没有办法衡量，就无法判断这个指标是否能实现。因此，设计指标还要有可衡量性。比如，一个销售团队的目标有多种分类，销售额、费用额、利润率等这些可量化的目标是定量目标也是经营目标；工作态度、行为评价等是定性目标；顾客满意度、顾客投诉率等是管理目标。这些目标要具体并能够衡量。

A——Attainable（可实现性）：指绩效考核指标应当设计为通过员工的努力可以实现的，在时限之内做得到的目标。

目标必须是通过努力就可以实现的。实现目标会给人以成就感，从而不断给予前进的动力。因此，我们在设定目标前，必须客观地对自己的现状及各种客观因素进行衡量。假如一个销售部门在销售旺季并且在各个销售因素完全饱和的情况下每天最高销售额只能达到 5 万，定的年目标却是 1 200 万，这样的目标只能是痴人说梦。

因此，我们设定考核指标的前提是这个指标要让员工觉得可以完成。如果指标太高，员工会失去信心，觉得企业制定的这个指标就不是想让他们完成的，而是为了要克扣工资。这样他们就会产生消极情绪。

但是，指标的难度也不应定得太低，极易完成的指标肯定无法激发员工的最大能量。指标的制定最好是"跳一跳，够得着"：像树上的苹果，站在地下摘不到，但只要跳起来就能摘到，这样的指标激励效果最好。

R——Realistic（现实性）：指绩效考核指标应当设计成"能观察，可证明，现实的确存在的"目标。

指标的现实性是指销售指标应该与现实销售工作结合紧密，让能量能够集中体现在实际销售过程中。指标的现实性要求在设定指标时对现实情况进行仔细分析，并将那些急需改进、直接影响销售成效的因素首先设立成指标。

T——Time-bound（限时性）：指绩效考核指标应当是有时间限制的，关注到效率的指标。

为什么很多公司做年终总结的时候容易扯皮？请看下面的例子。

李明是一家销售公司的销售经理，最近他很郁闷，因为公司给他定的销售目标是800万元，可是现在都10月份了，才完成一半。这年终完不成任务，不但没奖金还可能要被开除。

这样一想，李明就气不打一处来。目标定那么高，权力却不下放，部门要用多少人，发多少工资他根本说了不算。于是，李明找到公司的人事部门反映这个情况："员工工资这么低，还就这么几个人，这都10月了，你们让我怎么完成目标？"人事经理一听："说当时定目标时也没见你这么多借口，现在完不成就这事那事了。"

李明更感到委屈了，说："当初公司答应提供支持才能完成这个目标。可是现在，人员支持不够，答应的培训不做，公司的广告也根本没按预算的投放，任务当然没法完成。"人事经理一听更不乐意了："这广告投放不关我的事……"两个人说了一大堆，吵成一团。

每个目标的实现都需要一个过程,需要很多资源和条件,所以我们在设定绩效指标时,一定要谈约束条件。什么样的条件达成什么样的指标。如果事先不谈约束条件,这个指标根本就没有意义。

第四章
完善绩效考核

如何用销售漏斗推动绩效完成

如今的销售与以往的销售可是大不相同了。现在，作为一个销售人员，一次成交的概率已经变得越来越低，即便是有交情的老客户，也很难一次成交。所以对现在的销售人员来说，要想成交，就需要掌握更多的销售技巧来应对各种情况的发生。

销售的本质是什么？其本质是提供给符合客户要求的产品或服务。所以，对销售人员来说，最核心的技能就是如何掌握客户的真实需求。成交量高的销售人员与成交量低的销售人员都在努力促成产品的交易，但其中细小的差距决定成交量的高低。

小王和小李都是我们公司的销售员。我说过小王是个有慧根的员工，他每次的成交量都非常高，因为他能了解客户的真实需求。他会将提问放在第一位，问客户需要什么样的产品，问客户哪里不满意。客户也非常愿意和他打交道。

小李这方面就不行，没有慧根，每次的成交量都很低。他每次就是在不停地向客户介绍自己的产品，他想通过自己产品的优势来达到让客户购买的目的，结果他忽略了对客户真实需求的了解。客户听多了介绍就会反感，自然就不愿意购买。

想要达成销售是一个连续的动作过程，通常要经过数次沟通才能实现。因此，在进行销售的过程中，我们不妨采用"销售漏斗"。

漏斗，大家都见过。现在我们把漏斗这一原理应用到销售上。

前几年，我应邀出席了一家外企公司的销售会议。离年底结束还有两个月，但销售任务还差30%没有完成。在会上，大老板忧心忡忡地询问销售主管："年底之前，还能不能完成今年的销售任务？"

销售主管沉吟片刻道："以我的经验来看，应该没问题。我们销售部全体员工向领导保证，排除一切困难，力争超额完成任务！"大老板无可奈何地点了点头。

看到这里，我不禁有些好奇。散会后，我就问大老板："您相信年底之前能够完成任务吗？"

大老板用沉重的语气回答道："我相信销售主管的人品！"想了想，又转头问我："除此之外，难道还有更好的办法吗？你是这方面的专家，你帮我想想？"

我笑着对他说："办法当然有，那就是大名鼎鼎的管理工具——销售漏斗。"

"销售漏斗"，也叫"销售曲线"，是大客户销售时普遍采用的一个销售工具。说白了，它是一个非常直观的销售机会状态统计报表。

销售漏斗图

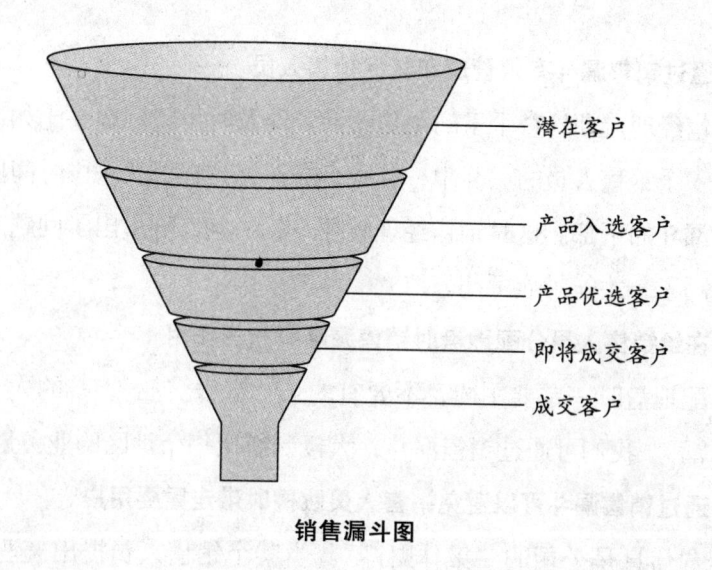

在整个漏斗上，其顶部是有购买需求的潜在客户；上部是将本企业产品列入候选清单的潜在客户，成功率相对较低；中部是将本企业产品列入优选清单的潜在客户，成功率要高一些；漏斗的下部是基本上已经确定购买本企业产品，只是有些手续还没有落实的潜在客户，成功率更高一些；漏斗的底部就是我们所期望成交的客户。

有了销售漏斗，我们就可以利用它来改进销售管理。

1. 通过销售漏斗计算销售人员的定额

销售漏斗管理的产品大多是高价值的复杂产品，潜在用户一般不会看了产品就马上下单，他的购买过程需要一段时间，短则 1—3 个月，长则 6—12 个月。通过加权分析，在年初即可以很科学地分配每个销售人员的年度定额。比如说，某个潜在用户下一年有意向购买 100 万元的产品，目前处在漏斗的上部，计算定额时就是 100×25%=25 万元，其他潜在用户以此类推，将某个销售人员所负责的区域内所有潜在客户加权后的数值相加，就得出了总的年度定额。

2. 通过销售漏斗有效管理和督促销售人员

销售经理定期检查手下的销售漏斗，能及时发现问题。比如说，公司里有一个销售人员的漏斗中，有一个潜在客户在很长一段时间里一直停留在漏斗的下部。这时销售经理就要来问一问，哪里出了问题。只有找到原因了，才能对症下药。

3. 在给销售人员分配地盘时销售漏斗有指导作用

分配地盘时一定要平衡，不要有的人"富得流油"，有的人"穷得揭不开锅"。我们可通过销售漏斗，大概判断出每个地区的业务量。

4. 通过销售漏斗可以避免销售人员跳槽时带走重要用户

客户信息是公司的"集体财产"。当某个销售人员提出离职申请，销售经理就要及时检查核对销售漏斗，要求离职员工与接替者进行交接。对于处在漏斗下部的潜在客户，两人要一起上门交接；处在漏斗中部的客户要进行电话交接；处在漏斗上部的客户在接替者完成了上部和中部的潜在客户的交接之后，就开始挨个进行电话联系，告知对方本公司人员的变化情况，并安排时间拜访客户，详细探讨下一步的业务合作事宜。这样做基本上避免了客户跟着销售人员走的问题。

使用销售漏斗的主要目的是推动绩效完成，那么我们如何通过销售漏斗来推动绩效的完成呢？

我们在销售前，将可能影响客户决策的因素罗列出来，然后针对每个因素与客户沟通，查看到底是哪些因素不会影响客户、哪些因素是正在影响客户的。这样不仅可以保证销售人员掌握顾客的需求，而且在下次沟通时只要针对那些影响因素进行沟通就可以了，避免重复的动作既浪费自己的时间和精力，而且还会引起客户的反感。

比如说，在通常情况下，产品的功能、价格、售后服务、售前安装等因素都可能会影响客户的购买意向。结合这些因素，我们逐条询问客户，查看自己的产品与客户所需求的是否吻合。对那些目前还达不到客户标准的项目，可以留作下次沟通时再进行确认。通过反复的沟通，销售人员最终了解客户的真实需求，提供最符合其要求的产品，达到交易尽早完成的目的。

销售漏斗不仅可以作为一个工具来帮助销售人员进行销售，其更大的目的是为了培养销售人员以客户需求为导向的销售思考模式。好的产品不见得是客户需要的产品，即便是相同的产品，也会因为细微的差异导致客户的拒绝。只有发现其中的差异，才能想到解决的办法。

SECRETS OF POWER SALES TEAM

第五章
团队细节管理

如何降服"妖魔员工"

什么是"妖魔员工"？我们在《西游记》中能找到这类员工的影子。唐僧带着孙悟空、猪八戒、沙僧去西天取经，一路历经磨难，最后终成正果。大家都知道，最后谁的功劳最大？肯定是孙悟空。他在西天取经的路上，开山拓道，降妖除怪，一路上与师弟合力保护唐僧西行，历经九九八十一难，最后终于取得真经，可谓功不可没。

可是问题也出来了，孙悟空能力虽然超强，但是他不服管教，为唐僧等人的西行之路设置了障碍。在我们的企业里，是不是也有这样一种员工？他们像孙悟空一样才华横溢，却桀骜不驯；他们是企业创新的促进者，却又是不安定因素。他们这种特立独行的工作风格令管理者们爱恨交加，却又不知所措。像孙悟空这样的员工，在团队发展过程中是同时具有强大创造力和强大破坏力的员工，我称他们为"妖魔员工"。

面对这种个性化很强的"妖魔员工"，我们应采用什么样的办法去管理、去引导、去培养他们呢？又如何使他们成为团队发展的主力军呢？

第一，激发他95%的潜能，让其在协作的过程中享受满足感

像孙悟空这样的员工能力都很强，我们管理者把他当作一个普通员

工来看待的话，他肯定会流露出不满的情绪。他感觉"天将降大任于斯人也，必先苦其心志，劳其筋骨"，可是走到今天仍然不受重用，他的积极性肯定会被挫伤。

如果你看过历史剧《汉武大帝》，那你也一定还记得剧中那个英姿勃发的少年天才将军霍去病。

霍去病从小就天不怕地不怕，在宫中长大的他桀骜不驯，心高气傲，也敢想敢做。如果把这样的人放到现代的一个团队里，他就是一匹野马。作为一个销售经理，你一定希望拥有霍去病这样的员工，因为他能在前面为你冲锋陷阵。可如果霍去病真的在你身边，你又肯定会忧虑，因为他过分骄傲，难以管理。霍去病就是一个"妖魔员工"。

然而，汉武帝却不这么看。汉武帝发现了霍去病在军事方面的才华，就去积极地训练他，并大胆地委以重任，充分激发他的潜能，使他成为令敌人闻风丧胆的不败战神。

虽然一个销售团队没有千军万马，但一定会有像霍去病那样创造力与破坏力并存的"妖魔员工"。

如果我们把这样的员工放在普通员工中，那么他的能量也只能发挥5%，另外95%的力量根本无处可用，慢慢就会消磨殆尽。这时怎么办呢？我们可以使用管理风格中的支持式和授权式影响和引导他。没有人是生来倔强的，只要加以引导，并创造一个真实的情境让他自己体会，他就会很自然地融入到团队中去。

对于这种员工，我们可给他一个充分展现自己的舞台，有意给他一项非常具有挑战性的工作，这时他可以完成工作的80%，基本就OK了。还有20%没完成的怎么办？他可以借助团队中其他成员的能力、动作、行为，来帮助自己实现。这时他会感觉自己的能力虽然很强，但是要有身边人的帮助才能实现，让他感觉身边人也是有价值的。

当初，观音菩萨指点孙悟空让他护送唐僧去西天取经，正是给了他一个充分展现自己的空间，让他在这个过程中获得极大的满足感。

通用汽车董事长兼首席执行官瓦格纳就十分善于发现员工的优点和一些"妖魔员工"的特质，永远让员工走在最前方，而自己在背后默默支持。这样就激发了"妖魔员工"潜藏的创造力，并且减少他对团队的破坏力。

第二，攻心为上 + 让知足感使其敬业

站在管理者的角度，所谓"攻心为上"就是让这个员工从内心认同你。如果他内心认同你、接受你，即使他能力很强，甚至比你还强，他也会心悦诚服地为你效劳。

看过《西游记》的人都知道，真正降伏孙悟空的不是依靠武力的如来佛，而是靠攻心为上的唐僧。唐僧在孙悟空最需要帮助的时候伸出援助之手，让他脱离苦海。

想当初孙悟空纵有百般武艺还是被如来佛祖压在了五行山下，历经五百年的风霜雨雪，此等落寂是何等的无奈和痛苦。当唐僧来到五行山下时，他不顾旅途的劳累，走到孙悟空面前，俯下身躯，拂去了孙悟空头上的几棵枯草；再爬到山上，摘掉咒符，把孙悟空从五行山下救出，不啻于给了他第二次生命，此时的孙悟空已经感动不已。

后来，师徒二人行走在荒山野岭之间，忽然遇到一只猛虎，孙悟空大喊一声轻挥金箍棒，一招将猛虎击毙。然后，唐僧连夜为孙悟空缝制了一条虎皮裙，并让他试试是否合身。此时的孙悟空心中做何感

想？一个没爹没妈的孩子，此时有人给了他第二次生命，而且给他关心、给他温暖，唐僧的这份深情再一次深深地打动了猴子的心。

唐僧虽然没有什么降妖除魔的本事，但是他攻心为上这一点做得非常好，使孙悟空接受他，认同他，并愿意保护他。对于一个销售团队来说，管理者要知道"俘获员工的心"远远胜过手中的权力，只有俘获了员工的心，下属才会真正认可你，追随你。

除了攻心之外，我们还要用知足感让其敬业。本身能力就很强的员工，你用普通员工的管理模式来对待他，他的感觉肯定很不爽。所以我们要满足一个"妖魔员工"灵魂深处的需要。你要看他需要什么，渴望什么。

打个比方说，一个员工在其家庭之中排名位置不一样，对他的管理方式、激励方式也是不一样的。

如果这个员工是家里的老大，他从小到大都是带弟弟、妹妹成长起来的，那么老大的责任感比较强，从小就知道要承担责任，帮助家人分担家务。这类员工长大进入社会以后，有两种可能：一种可能是他仍然具有责任感。如果我们让他带新员工，他感觉自己能胜任这项工作，同时他感觉很满足。因为这是他最擅长的一点，从小到大，他都是带弟弟、妹妹长大的。另一种可能是他不愿意带新员工。因为小的时候天天帮助别人处理事情，长大以后很腻烦，不想干了。对于这类员工我们怎么办？我们可以把一项工作、一个市场、一个业务扔给他，不要频繁去打扰他，这样他反而会做得比较开心。因为这样使他感到很满足，他喜欢管理者用这种方式影响他、引导他。

如果这个员工在家里是最小的，从小到大，哥哥、姐姐该帮他做的事情都帮他做了，所以他进入社会后，感觉自己没价值，渴望自己无论做什么都能够体现出自己的能力，可以不靠别人，也能做得很好。管理这类员工有一种最简单的方式，就是我们把一个市场交给他，规定他必须完成一定量的任务。当他完成了任务，他就会感觉自己很有价值。然后我们再把旁边那块区域仍然交给他，规定在半年之后再完成多少任务量，他会更愿意去做。这就是人性的管理。

如果这个员工在家庭中排名中间，他可能感觉不受关注。因为一个家庭中老大和老小都很受关注，就忽略了中间这群兄弟姐妹。这时，我们就要提拔他、表扬他，让他感觉自己也很受别人重视，满足他内心的知足感。

总之，如果一个人能力很强，我们能够满足他内心渴望的一些东西，他仍然会在我们手下好好干。

第三，一架天平，两边平衡

在一个营销团队中，一定会有像老黄牛一样踏实肯干的员工，也一定会有个性化十足的"妖魔员工"。两种员工对团队的发展同样重要。团队既需要能引领团队飞速发展的意见领袖，也需要脚踏实地做事情的劳动模范。

这时问题又出来了。如果"妖魔员工"提出一些政策，一些要求，管理者都答应他了，那些像老黄牛一样的员工肯定不舒服。这时候团队管理者就要兼顾两方面的感受，最好的办法就是管理和沟通。

站在一个团队管理的角度，管理和沟通是很重要的。如果我们在实施某一个政策之前，知道有些"妖魔员工"会反对，这时可以提前沟通一下，先打个预防针。

如果没有沟通好怎么办呢？我们可以把游戏规则制定好。这么多年我带团队深有体会，每次我想提出一个新的考核政策时，有几个"妖魔员工"都会提出一些反对的理由。这时我会说："好，我们马上开会，会后我们继续聊，我一定会解决你们心中的困惑。但是丑话说在前面，小王（妖魔员工），你可以不来开会，你可以去做市场，你可以去见客户。如果你一定要坐在那里开会的话，游戏规则是不允许你发言和讲话。"我们先把游戏规则制定好，一切就变得简单了。

还有，我们可以经常组织一些活动，给这两类员工多创造一些在一起交流的机会，而且更多强调参与意识。

人力管理为团队生存之本，团队的管理者只要多用心，就能降伏所谓的"妖魔员工"，充分发挥其优势，为整个团队创造无限丰厚的价值。

偶尔护起下属的"短处"

下属犯了错误怎么办？有人说：很简单啊，有功必奖，有过必罚。不错，奖惩分明是一个团队必须具有的态度和政策。但是在实际操作的过程中，却不是说起来那样简单。熟读兵书的赵括在实际的作战中只会纸上谈兵，并因此送了性命。倘若一味照着"有功必奖，有过必罚"的原则来办事，或许也会出现问题。

有一次，一个好友打电话找我求助，说他们公司有个销售经理让他非常头疼：这个经理屡屡挑战公司的管理制度，可是由于他是业务高手，公司近一半的业绩都是由他个人贡献的，而且前任公司销售总监对他比较宽容，基本上都是"大事化小，小事化了"，所以，当我这个朋友接手销售总监这个位置之后觉得他很难管理，于是找我来要办法。

一般来说，我们对待犯错误的员工都怎么处理呢？多数情况下，很多老板管理员工的一个标准都是秉着"有功则奖，有错就罚"的原则。但是这样就能取得成效吗？事实上，无数的管理实践已经证明，单纯

的惩罚最多会带来被动的遵守。大家充其量是为了规避惩罚减少再犯，却很少建立起真正的责任意识、是非观念和敬业精神，甚至如果惩罚用不好的话，还会造成管理者和员工之间的敌对情绪，导致以后错误变换了表现形式地一犯再犯。

美国一家炸薯条的制造工厂就曾犯过这种错误，公司管理层总是以严刑峻法来对待犯错误的员工。最后的结果是直接导致了员工和管理层的尖锐矛盾。为了报复公司，有的工人开始偷偷地将炸薯条从生产和包装区的传送带上拿下，用粗笔写上下流的话，再神不知鬼不觉地放回原处。这个消息在内部传开后，其他工人也开始纷纷仿效，导致顾客投诉增多，使公司陷入了被动的局面。

其实，团队成员犯错，我们偶尔可以护一下"短"，以赢得下属感激之情，尤其是对那些有价值的下属一定要保护一下，这叫迂回式管理。日本著名管理大师稻盛和夫曾经说过，"比完善制度更重要的是改变心"。对待犯错误的员工，我们同样可以这样说："比惩罚员工更重要的，是让他们真正认识到自己的错误，在内心深处产生羞耻感和内疚感，并且在明确企业要求的情况下，自愿地去改进。"

当初，宋太祖赵匡胤因在"陈桥兵变"中黄袍加身而当了皇帝，他身边有一个谋士不得不提，这个人就是赵普。赵普当时帮助赵匡胤策划了"陈桥兵变"和"杯酒释兵权"两件大事。后来宋太祖拜赵普为宰相，事无大小，都跟赵普商量。

有一次，赵匡胤外出游玩，回来后，有一个小御史过来打小报告。小御史说："太祖，您在外地游玩的时候，宰相赵普联合其他的御史私自修改了律法,您知道吗?"修改律法在当时可是诛灭九族的大罪,赵匡胤一听非常生气。可是反过来一想,不能一刀就把赵普杀了,毕竟他为我立过不少功劳。怎么办?想了想,赵匡胤有了办法。

于是,赵匡胤把那个小御史叫到身边,一个巴掌打过去,然后骂道:"你敢挑拨离间,你知道当朝宰相是我什么人吗?你怎么敢当着我的面说他的坏话,再说他坏话我就把你杀了。"小御史吓得大气不敢喘,灰溜溜地跑掉了。

御史走了以后,赵匡胤就把旁边的太监叫了过来,说:"你到宰相府把你刚才看到的一幕原原本本地讲给宰相赵普听。"

就这样,这个太监来到了宰相府,他对赵普说:"宰相大人,刚才有人去太祖那里打您的小报告。"赵普一听,脸都吓绿了。后来,太监说太祖把那个打小报告的人打了一顿,骂跑了。赵普听了太监的话后,对赵匡胤感激不已。

有些时候,一个人犯了错,如果你去指责他批评他,有的人会接受,有的人却难以接受。不是说他不承认自己的错误,而是你批评时伤害了他的自尊。他不是为自己的错误辩护,而是为自己的尊严辩护。如果你不批评他,反而以宽容的态度鼓励他下次注意,大多数人不但会注意改进,而且会对你的宽容心存感激。

对于一个团队来说,当一个员工犯了错误的时候,批评有的时候不是最好的方法。你不批评他,而是通过第三方向他传达"我知道你犯错误了,但我没有怪罪你",这个员工就会从骨子里感激你。

古人说得好:"人非圣贤,孰能无过。"再精致、再周到的管理理论,也无法涵盖企业千变万化的管理实践。因此,员工犯错误在所难免,遇到犯错误的员工要给出恰当的处置。

作为一名团队的管理者，需要时刻牢记的是：自己的错误处置不仅可能无助于下属改正错误，反而可能会造成更强烈的敌对情绪；而对犯错员工的正确处罚，则不仅不会伤害到员工的自尊心，反而会帮助你塑造一个"建立起责任心、是非观，拥护企业和团队价值理念"的优秀员工。

寻找团队成员的"自慢"心理

所谓"自慢",这两个字是日本语法中的中文,是形容自己最拿手、最擅长的事。员工不知道是不是会比别人做得更好,但对自己来说却是最自信、最有把握的事情。这是中国台湾城邦出版集团 CEO 何飞鹏提出的理念。

何飞鹏认为,"自慢"从更深层次揭示了我们应该努力寻求自己有把握的、容易产生成就感的事情,并为之奋斗。这样即便是有超负荷的情况出现,内心的自我平衡机制也会让你觉得乐在其中。

很多人可能会去思考,我们人生中"自慢"的东西都是什么?在哪里?记得当时夫人开玩笑地对我说:"你最'自慢'的事情就是讲课啦!"听起来有道理,但实际上很惭愧,做讲师越久就越会知道自己懂的东西少,越会让自己去努力学习,哪还敢说拿手。对讲师而言,如果真有"自慢",那也应该是通过自身的努力,让企业或者说这个社会对你产生的一种肯定。

有一次,我去温州为一家公司讲课,我了解到对方是知道我曾为另一家企业讲课,并得到超高满意度后慕名而来的。温州的下一站我

去了无锡，给国内某洗衣机制造公司的员工讲课，在这家集团我也算是在多个事业部都露过脸的人了。大家都知道我擅长讲这方面的内容，才继续邀请我的。国内很多大公司我都做过多次培训，而且合作还在继续着。

所有的讲师都希望能够连续地为某个企业服务，我也是这样。因为你会从为客户讲解共性问题慢慢过渡到去讲授企业里的个性问题，而后者才是企业未来发展更需要、更看重的，相对来说也是更能提升讲师价值的部分。所以，如何展示自身价值，去延续企业对讲师的这种持续的认同感，我认为这才是一件未来能被讲师称为很"自慢"的事情。

每一个人都要找到"自慢"的绝活，要努力学习"自慢"的专业。在营销过程中，每一个人用"自慢"的专业知识为客户提供服务，相互满足，"自慢"形成每一个人的核心价值。

在团队管理过程中，我们要寻找团队成员的"自慢"心理。说得更通俗一点，就是寻找团队成员认为自身最有优势的地方，以挖掘他最大的价值。

大家都知道，汉朝开国皇帝是汉高祖刘邦，有一天刘邦和手下大将韩信讨论各位将领的才能。刘邦问韩信："韩将军，你说我亲自带兵打仗能带多少兵呢？"

韩信这个人的性格比较直，有什么说什么，这也可能是他后来被杀的原因之一。韩信说："区区十万而已。"刘邦心中有些不高兴，心想："你竟敢小看我！"就问韩信："那你能带多少呢？"韩信傲气十足地说："我呀，当然是多多益善！"

刘邦心中更不高兴了，就质问韩信："既然你这么有能耐，可为什么还是我的手下呢？"

韩信粗中有细，回答非常巧妙："每个人都有自己的优势和强项，像您这样的人适合当领导，像我这样的人就比较适合带兵打仗，所以您最后会得到天下。"刘邦一听有道理。

刘邦功成名就以后说了这样一席话："运筹帷幄之中，决胜千里之外，吾不如子房（张良）；镇国家，抚百姓，给饷馈，不绝粮道，吾不如萧何；连百万之众，战必胜，攻必取，吾不如韩信。三者皆人杰，吾能用之，此吾所以取天下者也。"大概意思是，论智慧，我比不上张良；论后勤管理，我不如萧何；论带兵打仗，我不如韩信。但我知道如何把他们的优势发挥出来，最终我取得了天下。

显然，刘邦发现了团队中每个成员的"自慢"之处，所以才取得了最后的成功。

人力资源管理中有这样一句名言，没有"平庸的人"，只有"平庸的管理"。高明的管理者，会首先认可员工的不平庸，进而从每个普通的员工身上寻找出"自慢"心理，并加以引导和开发。

有研究表明：我们人类通常有24种情绪天赋，这些天赋通过人的思维、感觉与行为体现出来。当你对某件事情怀有热情，并且做起来如行云流水，无师自通，就证明这是你的优势所在。所以，团队的管理者如果能深入去观察和了解员工，准确地找出他最擅长的事也不难。比如说，有人擅长活跃团队的气氛，有他在团队就有热情；有的人总能预感冲突并擅长化解纠纷，还有的人，天生就容易赢得客户的信任。一旦发现某个员工具有这样的能力，千万不要再让他痛苦地去改正缺点或培养什么潜能，立刻利用就好。

原通用电气公司董事长兼 CEO 杰克·韦尔奇说过:"要相信,员工的潜能绝对超乎你的想象,只要你肯挖掘,你就会得到一笔惊人的财富。"在很长一段时间里,也有很多团队管理者非常关注发掘员工的潜能,但却找不到门路。

和显在优势不同,潜在优势不是仅仅通过观察就能发现的,管理者还需要提供更多机会让员工去尝试,并允许他们犯错误。这既包括让员工尝试本职工作的创新做法,也包括提供给他们本职工作之外的新的挑战机会。

大家都知道德国的西门子电气公司,这是德国最大的私人企业。西门子的成功与他们对人才的重视有很大关系。一整套对人才的选拔、培养、造就办法,成了公司整体发展战略的重要组成部分。

西门子公司人事部经理平时干什么?他们的日常工作之一是访问高等院校。在那里,他们寻找的首先是"企业家类型的人物"。在学习期间,西门子公司对未来的"企业家们"的基本要求是:良好的考试成绩、丰富的语言知识,能够实习好和工作好。此外,公司还提出一些更高的要求,比如有广泛的兴趣,有好奇心,有改进工作的愿望,以及在紧急情况下冷静沉着和坚毅顽强的品质。

西门子公司内部设有"管理人员培训部",这个部门专门负责对工作人员进行观察,并且定期同观察对象及其上司谈话,最后提出对工作人员继续任用的建议。工作人员也可以直接到该部门提出有关对自己培养和提升等问题的建议。在企业内部,担任领导职务的人常常不愿让优秀的员工离开,但是在西门子公司的内部,这种调动是必需的。因为一位未来的领导人应当尽可能每隔三五年接受和去完成一项新的任务。很多优秀的管理人才就是通过这种方法被发掘出来的。

当然，挖掘员工潜能不是一个单一的环节，管理者还需要去激励员工愿意做新的尝试，以及在发现其潜能苗头之后投入精力乃至财力帮助其发展，放大其潜在优势。如果你没有这个决心和准备，就不要抱怨你的手下没有潜能。

如何让自己的命令更有效

作为一个团队的管理者,如何提升管理命令的有效性?根据多年的营销团队管理经验以及公司管理经验,我得出以下几种方法,可以让你的命令更有效。

第一,树立官威

要让自己的命令更有效,先要树立官威。有两种方法:第一种是采取温和的方法,做到润物细无声。

我在一家民营企业做经理时曾用过这个方法,收到了四两拨千斤的效果。上班第一天上午,我将副手叫到办公室,和他研究团队每一个成员的性格、爱好、业务能力等,并请他按照办公室的布局,把每个座位上员工的名字、职位、籍贯、特点等都写下来。

办公室是玻璃隔断,我隔着玻璃,拿着对照表,看着外面的员工,整整背了15分钟,把每一个人的名字、体貌特征都记住了。中午吃饭时,我装作无意识地叫出他们每一个人的名字,并和他们谈家乡谈人生。

下午一个员工来到我的办公室对我说:"尚总,本来我已经决定离开这个公司了,但是您来了,我感觉我有必要继续留下来。"我问他为什么。他说:"我感觉您特别专业。您能够在这么短的时间内叫出每一个人的名字,我们内心很震撼啊。直觉告诉我您一定能带领我们走出困境!"

树立官威还有一种办法,就是"敲山震虎"。在这家公司刚开始的几个月里,每次的部门例会上,针对有可能出现的问题,我总会列举以前在外企的做法,起到警示的作用,以防他们犯类似的错误。

例如,我发现一个员工销售业绩下降,迟到早退现象增多时,我没有立即找这名员工谈话,而是在例会上透露:"以前在外企迟到早退者一般3次以上就开除,曾经有一位我上司的亲友就这样被我无情地开除了,上司求情都没有用。我这里不养懒汉!"那名员工自此觉醒。因为我没有直接批评他,所以他对我也一直心存感激,这显然达到了震虎而不伤虎的效果。

第二,大小互补

在团队管理过程中,"大"和"小"随时要互换一下,实施一种榜样建立的模式。在下命令、管理员工的时候,我们可以"大事化小,小事大做"。

什么叫大事化小?我们知道,企业如果仅以监控和惩罚作为手段,在这种威慑力之下员工的遵守必定不是自觉遵守,不能达到治本的效果,同时也削弱了一些员工的工作积极性。怎么办呢?如果一个团队真的出大事故了,比如说,一个员工在寻找一条新的思路时出现了问题,导致公司受损。这时你一定要把它压下来,领导自己来承担这个责任。这样作为营销团队的管理者会获得管理魅力。

有一次，美国空军的著名战斗机试飞员鲍伯·胡佛做飞行表演，突然引擎灭火。幸亏靠着他的高超技术才使飞机着陆，没有造成人员伤亡，但是飞机却严重损坏了。最后调查才知道，因为负责加油的机械师把油加错了。胡佛驾驶的是螺旋桨飞机，机械师用的却是喷气式飞机的油。

负责加油的机械师吓得面如土色，见了胡佛便痛哭不已。因为他的错误造成了重大损失，还差点出了人命。可是胡佛并没有责备他，反而过去拍拍他的肩膀说："为了证明你干得好，我想请你明天帮我做飞机的维修工作。"这位机械师激动得什么话也没有说出来。后来他一直跟着胡佛，负责他的飞机维修，胡佛的飞机再也没有出现任何差错。

什么叫小事大做？一个团队在管理过程中，即使很小的事情，你有的时候都要夸张地放大一下，让员工感觉我们老大这么小的事情他都过问，这样可以防止未来发生更大的事情。

第三，关注对手

关注对手也是提升管理者命令的一个有效方法。

我刚开始在外企做总监的时候，公司在全国有代理商体系，全国有大区经理、区域经理，一批一批地分到各个城市去。这时我做的工作就是每天观察竞争对手的员工在干什么。

我当时就天天观察竞争对手的区域经理在干什么，如果我观察的某个区域经理离职了，一切就变得简单了。一个区域经理走了，没有适合的人来负责这个区域。这时候一方面要招聘新人，但是招聘一个合适的区域经理并不是件简单的事；另一方面，一个区域经理初到一个市场需要和地方做客情关系，但并不能马上就把感情维系得很好，是需要一段时间的。

一般来说，一个区域经理在合适的位置上最终能够胜任这项工作，最少需要两个月的时间。这意味着当我们竞争对手的区域经理离职的时候，往前数两个月，再往后数两个月，这段时间内对手所控制的那块区域市场成了真空地带。这块市场平时怎么打都打不进去，这时我们就可以把公司品牌所有的促销、政策，一股脑儿地全部砸到那个区域上去。以我带团队这么多年的经验来看，这个方法取得了不错的效果。

第四，任务数字

这么多年我带营销团队发现，只有数字能给销售人员带来压力。一个销售人员知道自己的任务额而不讲，说明他一定是不想承担责任。这时候如果想让我们的命令更有效，要随时让员工报出数字。

我每次在开团队例会的时候都会问："小张，上个月你做了多少？还差多少？同比完成了多少？缺了多少？下个月你要多完成多少？"随时让这些数字在下属的头脑里一遍一遍过，过得越多相对而言越真实，命令也会更有效。

比如说，你在下命令的时候说："小张，你这个年度负责A产品在华北地区的推广工作，希望你加油干啊，公司对你抱有很大希望的。"这种下命令的方式本身就不清楚：公司希望小张加油到什么程度？公司到底希望小张取得怎样的工作成绩？小张都不清楚，所以他不知从哪里下手，因此这个命令也不可能得到你想要的结果。

而我们如果用数字来下达命令，就不一样了。你说："小张，公司决定由你负责A产品在华北地区的推广工作，我们希望能够达到40%的市场占有率，过去我们一直接近这个目标，但一直未能达到，希望你带领你的团队攻克它！"这种用数字下命令的方式做到了量化。小张可

以用市场占有率来自我评价是否完成了上司下达的命令。因此，到年底，小张就拿着40%占有率的成绩单来见我们了。

第五，刚柔并用

好的管理者应该具备的性格是刚强但不固执己见，温和但不软弱无力，即我们所说的"刚柔并用"。

汉高祖的重要谋臣之一张良给刘邦筹划过很多关系大业成败的谋略，其中刚柔并用之例颇多。楚汉相争时，汉比较弱，楚比较强大，这时张良就劝刘邦避其锋芒，以柔制刚不但避开了鸿门宴的危险，而且得到了汉中、巴蜀等要地。接着，张良又派人放火烧了栈道，使项羽屡屡上当。此时的刘邦转弱为强，最后取得天下。

在现代管理中，我们使用刚柔并用之法，可以使自己的命令变得更有效，而处理不好刚与柔的关系，下达的任务往往会以失败告终。比如说，我们命令属下："小曹，你下个季度的任务必须超额完成，不完成不要回来见我。"这时小曹可能有点为难："老大，我那个区域比较特殊，有难度……"小曹还没有讲完，我们就厉声说："你不要和我讲太多，我只看结果。"很多员工一看老大都这么讲了，肯定不敢再说什么了，只有郁闷地走了。下个季度麻烦大了，有的员工没有完成任务额，还有的员工就真的没有回来——惹不起躲得起，这是个双败的结果。

作为一个管理者来说，这是非常失败的管理方法。我们培养一个人才是很难的，而且他在这个位置走了，你还要帮这个位置的人去做事情，你的时间成本就要搭进去。员工也很惨——在一个地方灌溉，花都开了，就等着结果赚到钱，没想到果实没有拿到却黯然离去。

销售人员在职业生涯发展中遇到的最残忍的事情是什么？当他在某一家公司没有做到一定高度，他到另外一家公司"重新开始"，却忽然发现自己是到另外一个位置做重复性的劳动。

如果我们使用刚柔并用的方法就不一样了。你规定员工必须超额完成，在完成的同时，作为管理者你要给你的员工一些帮助。由刚性的命令转化为柔和的帮助，这样员工压力小了，就会全力为你工作。

第六，以身作则

主管之所以是主管，是因为我们比下属承担的责任更重大。下属遇到不能解决的问题时，作为主管要挺身而出，对下属进行有效指导和帮助。不负责任的主管在遇到困难的时候，会把困难推给下属。这时下属是不买账的，他会认为我们不配做主管，自然对我们的命令就会敷衍了事。

有一段时间，我在一家民企工作，属下30多人没有一个人凭自己的能力签单，公司的单子基本上都是大老板自己签成的。他们对销售模式以及所销售的产品产生了深深的怀疑，消极怠工和打退堂鼓的不少。他们认为是因为公司产品的质量有问题才导致他们卖不出去，而对于大老板所签的几个单子，他们又认为走的是人情单，所以不信服。

为了加强员工的信心，稳定人心，我亲自拉单，并在半个月内签成了一笔小单，而且专门召开了会议，向下属详细地讲述我每一个步骤是怎么做的，为什么要这么做，做的时候要注意什么，并客观分析了公司产品的优势和劣势。这让他们感觉原来我们的产品在市场上还是很有竞争力的，只是以前工作上没有高手指导，所以才会导致业绩差一些。

我这种以身作则的做法，不仅增强了下属的信心，而且增强了我命令的权威性。我要求他们必须当月签单的命令得到了他们的全力支持，而当月没有完成任务的下属第一次没有推卸责任，因为他们的上司没有推卸责任。

第七，定期检查

命令下达以后，还要在过程中进行定期检查，这也是时下流行的"过程管理"。这是因为人们一般有"不检查的工作不需要做"的陋习。老板布置的任务，只要没有说明哪天检查，肯定完成率不高。有句话说得好，即使风筝已经飞起来，也要随时根据风向收线和放线。

我在公司做部门经理时通过观察发现，公司只对员工有每月销售额的规定。员工每天的工作没有计划性，想起哪家客户来就联系哪家客户，员工之间的客户还经常重合，这就导致整体的销售业绩很差。我采取的措施是，将每个员工按照省份和行业划分责任区，杜绝客户撞车情况发生，并制定了每天必须找 50 家客户的规定，要求当天联系，并把每家客户的联系情况写在 Excel 表格里，下班前发到我邮箱，我来检查。下班后，我一个一个来看。第二天上午，挨个叫进办公室，对有疑问的客户，详细地询问联系的情况。我问的问题异常细致，常常把他们问得哑口无言。第二次再交上来的客户联系情况就都有了进步。

这样连续一个月，不仅员工每人都积累了上百家潜在客户，销售业绩也得到了很大的提升，而且挖掘、谈判客户的能力得到了很大的提高，对我这个上司更加敬佩了。

SECRETS OF POWER SALES TEAM

第六章
冲突化于无形

真的需要罢免他吗？

以往，人们都认为冲突是负面的，是一种对抗性行为，人与人之间不应该发生冲突。这是一种传统的观念。管理学大师余世维却这样认为："冲突"本身既不是褒义词，也不是贬义词，它是中性词。

我们知道，一个营销团队从出现、发展、成型到最终衰退的过程中，一定会遇到各式各样的冲突和矛盾。从营销学的角度来看，这些"冲突"其实是一种相互对抗的过程，是一方对另一方有意见或想法时，为表达不同的意见所采取相应措施的过程。

那么，作为一个团队的管理者，该如何处理冲突和矛盾呢？

我曾在一个公司里做了8年的销售工作，后来被任命为某知名企业的销售总监，主抓产品的营销工作。手下有一个20多人的团队，负责大半个中国的区域销售工作。刚上任的前三个月，我"什么也没干"。不是说新官上任三把火吗？不，因为我明白，新官没有站稳脚跟之前，贸然点火，非但不会达到预想的效果，还很可能会引火烧身。

经过三个月对公司全国各区域市场的深入调查，以及对团队成员的察言观色，我对整个团队的实力、每个成员的销售能力、销售业绩，以及性格特点、处事风格，调查得一清二楚。我又利用一个月的时间，完成了对全国市场的重新战略部署，并得到了老板的认同。

我深知，每个团队都有冲突和矛盾之处，尤其是新官上任，自然各种冲突和矛盾都有升级的迹象。这不，团队成员武义的问题就摆在我的面前。

武义虽然只有高中学历，但脑子灵活，销售业绩也不错，被我提升为销售主管。而他手下的多名下属都比他学历高，自然对他有点不服。按道理说，只要按照销售业绩评定，手下的销售人员就会没有话说了。但是，销售主管是一个管理职位，并不是你的销售业绩好，就可以让众人心服口服的，而且学历在人们心目中的地位根深蒂固。

可是，我觉得就这样罢免武义，并不是好办法。一方面确实也找不出来比他更合适的人选；另一方面，武义除了学历低以外，销售、管理样样拿手，确实是一个不可多得的既懂销售又懂管理的人才。我该怎么办呢？

其实，这只是我所面对的团队管理矛盾中的一个——个人能力与团队职位的矛盾。除此之外，还有工作任务的冷酷与人文关怀的温暖之间的矛盾、团队整体目标与员工个人目标之间的矛盾、团队整体任务与员工个人薪酬之间的矛盾，等等。

如果在以往我可能有些措手不及，但是现在，我在团队中站稳了脚跟，佩戴着老板赐予的尚方宝剑，可以着手消灭团队内部的矛盾了！

第一，个人能力与团队职位之间的矛盾

每个团队成员的销售能力各异，教育程度也不一样，像武义这种工作勤快，每天都是早早来到公司、销售业绩不凡的主管，我怎么能因为

学历问题就轻易罢免他呢！可是不罢免他，别人又有意见。

如何解决这个问题呢？我先专门找武义谈心，了解到武义对这份工作非常热爱，但也是苦于学历低压不住人。手底下的人经常对自己隐性抵抗（表面不抵抗，过后偷偷地不执行命令）。我说："如果现在有一种方法，能够让你有效地树立官威，你会不会努力工作？"武义说："我一定会努力。"

然后，我再找武义的下属谈话。这些下属表示对武义的管理能力、销售能力都非常佩服，但是就感觉非常别扭，觉得自己应该可以比武义做得更好。

我了解到了这些情况后，心里有了底，马上召集大家开了一个激励人心的大会，主题就是领导岗位竞争上岗。首先要求的是销售能力，其次是管理能力，再次是学历水平。因为暂时没有人可以竞争过武义，所以武义照旧做销售主管，此职务一年一考核，竞争上岗。大家都表示赞同。

大会结束后，我专门找武义谈了话，鼓励他，表达了自己对他的信任，末了递给他一份《北京理工大学SMBA招生简章》，意味深长地对他说："你要进一步学习啊！"

第二，工作任务的冷酷与人文关怀的温暖之间的矛盾

作为营销团队的领导，给员工分派销售任务是本职工作。你今年完成100万，明年我就得给你规定完成150万。员工能将任务完成就奖励，完不成该扣奖金扣奖金，该辞退辞退，容不得半点商量。这就要求领导在布置工作任务方面要严厉、严谨、不留情面。只有严格要求员工的领导，才能带领大家严格地按照计划完成销售任务。

但另一方面，员工都是有血有肉的人啊，他们也有七情六欲，也有

家庭琐事的牵绊，也有效力低下的时候。这就要求团队领导能审时度势，关怀员工，让员工有归属感，死心塌地地工作。

我当年带团队的时候就是一个很冷酷的领导，手下哪个员工没有完成任务额我都要进行严厉批评。可是后来我发现这样不行，因为有的老员工你批评他几句，他不会说什么，可是有些年轻员工就不行了，他们的心理素质差，你批评他几句他接受不了，有的干脆就辞职不干了。

因此，对于管理者来说，管理者的模式与风格要因时而异，因势而异。我总结了以下三个方法：

1. 留出专门跟员工谈心的时间——每月或每周一次

我们可以把每个月最后一周的周末变成公司员工的谈心时间，和每个员工进行交流、沟通。沟通什么呢？我们可以了解这段时间这个员工到底犯了哪些错误。即使员工表达得很直白，我们也要心平气和地去听，然后再提出解决办法。

2. 红脸白脸法——选出工会主席，避免做双面人

一方面，管理团队要求团队领导严厉冷酷；另一方面，又要求团队领导温暖亲切。这样不统一的形象，很难集中在一个人身上。如果不想当"双面人"，我们可以实施红脸白脸法。

我的做法是这样的，当时我在团队内设立一个工会主席，这个主席一定要资格老一点，温和一点，负责扮红脸。因为我本身是一个冷酷的领导人，比较严厉，所以扮白脸。在开团队例会的时候，我就宣布团队中的某人为团队工会主席，并告诉大家如果有什么话不好和我当面讲的，可以和工会主席讲。

这样工会主席每到周五开团队例会之前会先向我作单独的工作汇报。比如说，工会主席和我讲："老大，您知道小王为什么最近的销售额连续两个月没有完成吗？是因为小王的父亲生病了，他一直在照顾，

分散了精力。"我知道原因后，在开团队例会时别人有问题的该批评就批评，到了小王这我点了一下头，不会再批评他了。这是管理的一种艺术，我点头意思是提醒他还没有完成任务额，但我知道原因了。这样小王会很感激，下个月工作会更努力。

这样，我们两个人一个扮白脸，一个扮红脸，顺利地解决了冷酷与关怀的矛盾。当然，工会主席是在自己正常工作的范围外从事这项工作的，并且是有相应奖金的。

3. 小恩小惠法——唤醒感恩的心

要温暖下属的心、拢住员工的心，进而稳住团队的根，就要从细微之处着眼，从点滴小事做起，多关心下属，多体贴下属。我在团队管理过程中就经常使用小恩小惠法。比如说，夏天天气热了，办公室里配个冰箱，批发一些雪糕，供大家享用；有些女员工因为平时要接送孩子，可以专门为她们调整作息时间；有的员工生病了，及时送去关心和祝福……这些都会赢得下属的心。

第三，团队整体目标与员工个人目标之间的矛盾

团队中，销售人员的个人目标是为了晋升，为了薪水的提高，但是销售团队的整体目标在于按时按量地完成公司制定的销售任务或市场增量，并不会为每一个员工都提供晋升的机会。这样，机会只有一个，团队成员之间的关系成了负向依赖关系。此时我们该如何去处理呢？

这时我们要采取科学的考核比例：采用晋升资格的"60/20/20"分配法，把晋升考核进行调整。其中，60% 站在考核的角度，看员工个人任务的完成情况；20% 由团队成员之间相互打分决定；还有 20% 看是否遵守营销团队的各项规章制度。

下一步，我们该如何引导团队成员完成占 60% 份额的任务呢？

首先，我们要如何才能让下属心甘情愿地接受任务。

1. 理解下属面对任务时的心理

我们在给下属下派任务时，先要理解下属面对任务时的心理，以领会"人间疾苦"，避免他们产生抵抗情绪。

我经常和下面的销售经理聊任务额，我说："小高，咱们公司一个合格的销售经理每个月从公司最少要拿走不低于 12 000 元的工资，你有没有信心拿走这些？"他觉得不错，觉得很有把握。如果我和他说："小高，咱们公司一个合格的销售经理，每月底薪 2 500 块钱，每个月有 60 万元的任务，如果你完成 60 万元的任务，加上你的奖金和提成，你每个月能拿到 12 000 元。你有没有信心完成每个月的任务呢？"小高一听 60 万，内心肯定是七上八下的。

我们在给销售人员下派任务时也一样，销售人员喜欢听什么，不喜欢听什么，对哪个词有压力，对哪个词有动力，管理者应该了解。

2. 把任务下派安排得更加轻松

我们在给下属下派任务时，一定要轻松、到位。

我们公司有一个女孩叫小肖，每天通过电话来联系客户，可是最近我发现她的电话量每天都在下降。我问她原因，她说天天打电话，天天遭到客户的拒绝，心里不爽。于是我告诉她要把打电话看成是扔手榴弹，看每天能炸到几个客户。

作为管理者，我们不在乎一个员工每天打出多少个电话，关键是有效电话有多少。就这样，小肖按我说的去做了。第二天，还没等下班，她就兴冲冲地来告诉我："尚总，我还真炸到一个。"我说："不错嘛，继续努力，看你明天能炸到几个。"

慢慢地，"电话就是手榴弹"在我的团队中形成了一种文化。大家一上班，第一件事情就是互相问："昨天你炸到几个？""我昨天一个都没有炸到。""我昨天炸到了4个。""你功力太高了。""看我今天能够炸到几个。"

打电话很苦闷，"炸客户"却特别好玩。这种方式可以充分调动他们的积极性，业务量也就随之提升了。

其次，如何最大化地调动员工的积极性。

1. 采用市场互换法，用流动性激发能动性

市场互换法很简单，就是山东的区域市场今年小张负责，明年小李负责。小李负责一个新的区域市场，他肯定想要比小张做得更好。

经销产品也可以采用互换法。比如说，一个新品刚上市，先让小张去推广，其他员工先做老产品。半个月后再让小李接手，如果小李销售额不及小张，他会感觉没面子，所以他会尽最大努力去做好这件事。

2. 采用竞赛调动法，少花成本多办事

做一件事情的感觉会让员工产生凝聚力，所以说一定要有竞赛考核调动。对于很多员工来说，只要一存在竞赛就有一种冲劲，就想往前冲。

竞赛考核的方法有很多，通过竞赛调动，提高员工的积极性，员工就会努力完成那60%的任务份额。同时人才留下了，不好的人也自然被淘汰了。这样就有效地解决了团队目标与个人目标之间的冲突。

60%的任务完成了，20%由团队成员之间相互打分，具体标准每家公司、每个团队是不一样的。当年我的团队是用抗压指数、信任度指数、可培养指数等方法来影响和引导员工的。

还有20%是看员工是否遵守营销团队的各项规章制度，有很多公

司实行这个规则。比如说，迟到早退一次扣1分，到中午没有交管理表格扣2分……我们把分数控制在20%基本上就可以了。

第四，团队整体任务与员工个人薪酬之间的矛盾

公司制定的整体任务是需要团队全体成员的努力才能完成，但并不要求所有成员完成的量一致，而个人薪酬与个人完成的销售数量有关。于是每个成员均希望自己的销售数量最高，结果必然会引起销售团队成员之间的矛盾，互不帮忙，甚至互挖客户的情况时有出现。

为了让各自为战的情况得到改善，我把团队成员分成了3—5人不等的小组，自愿分组，分成6组，每个小组间展开竞赛，这样就把小组成员紧紧团结到一起。从以前20多个人20多条心，凝聚成了6条心。每个小组的整体业绩与本小组成员个人挂钩，这样同一个小组的成员互相帮助、共同作战的能力加强了，而且只剩下了5个对手，比原来要对付20多个对手省心多了，自然就会把省下的心思都用在销售任务的完成上了。

做好对团队下属的针对性沟通工作

管理者在与下属建立良好沟通通道的同时，也需要能够针对性地理解下属不同的性格需求。站在管理沟通的角度有个非常有意思的"沟通惯性反思环"原理——我们听到的、看到的都是我们自己惯性思维的结果，而不一定是事实。

一位心理学家和他的一个朋友打赌说："如果给你一个鸟笼，挂在你房中，你就会买一只鸟。"这位朋友不信，心理学家就买了一个鸟笼给他，他把鸟笼挂在起居室里。

结果，一有人走进来就问他："你的鸟什么时候死了？"他立刻回答："我从未养过一只鸟。""那你要鸟笼干吗？"只要有人走进他的屋子，就会问同样的问题。这位朋友很烦躁，为了不再让人询问，干脆买了一只鸟装进了鸟笼。

这个故事说明，我们都是有惯性思维的，千万不要用自己的思维去揣摩下属的行为，因为那经常是错误的。站在管理心理学的角度，管理其实需要先研究管理行为学，因为员工的行为会印证其心理。通常，

我们根据员工的行为与心理把他们分成 4 类：

第一类：强势肯定型员工

此类员工的行为特征：

1. 与此类下属沟通会比较爽快，因为这样的人思维比较敏捷，讲话方式果断简单，和人沟通是以简单的"完成沟通行为"为目标。

2. 骨子里属于控制型人物，在沟通中喜欢反过来引导管理者。与上级沟通时喜欢讲而不是听，喜欢在沟通中主动提出自己的看法。

3. 这类员工的时间观念很强，特别讨厌开会时浪费时间。

此类员工的心理需求：

1. 想尽办法成为团队中领先的人，向往在团队中成为第一的感觉。

2. 团队中的权力、地位、威望和声望都会对他们产生极大的影响。希望掌控大局，难以忍受团队其他成员去影响他或者指挥他。

如何与这类员工做好管理沟通？

1. 如果你想批评他，最好一针见血地指出对方的问题，以击中其要害。这类员工最大的思维方式是很难让别人来改变他。如果我们指出的问题，他认为有道理，只要一接受，他瞬间就会顺从我们。

2. 由于这类员工讨厌浪费时间，所以应直接阐述沟通目的，避免闲聊。

3. 使用可以引导他们思维的词汇，比如说，提高他的工作效率、让他在团队中处于领先的位置、提升他在团队中的竞争优势等。

4. 让他感觉良好。如何让他感觉良好呢？就是让他感觉沟通的结果是他想要的，慎用二选一法。

第二类：感觉良好型员工

此类员工的行为特征：

1. 此类下属很健谈，骨子里喜欢在一种友好的环境下与主管交流，很重视和上级的关系。沟通时表现热情，会在和主管的沟通中主动提出自己的看法。

2. 对主管所讲的内容反应迅速，但是话多，经常会打断我们的话。

3. 会在面谈中经常发出爽朗的笑声，并随时同主管开开玩笑。

4. 和主管的谈判能力很差，基本属于虚张声势。如果他和主管沟通的比较愉快了，那主管下的任务额他就"认了"，所以说讨价还价的能力差一点。

有一年，我在广东一家凉茶企业做培训。其间，有一个经理和我来聊天。这时，他的一个下属给他发了一条短信，他看完后给我看，短信写道："老大，我感觉这个月任务额定的有点高，您的意见呢？"说白了，这个员工感觉任务很难完成。

这个经理对我说："尚老师，你专门给我们讲管理沟通，现在我来现学现卖，您看一下。"他接着说："我学过您的管理沟通课，我明白了，要先处理员工的心情，再解决员工的事情；先烘托员工的情绪，再和员工讲大道理。"

就这样，他现学现卖，先处理员工的心情、先烘托员工的情绪，把短信发回去了："我也接受你的观点，但是上游制定的任务，我们尽最大的努力去做就是了。放手去做，放心，有我在后面呢！"

不一会儿，这个经理又把短信拿给我看。员工的短信是这样的："老大，既然您在后面顶着，那我就先往前冲了。但是丑话说在前面，

武器是有了，枪里面可没有子弹。"这个员工就是典型的感觉良好型员工，有老大为他撑腰，他就端一把空枪冲上去了。

此类员工的心理需求：
1. 追求被团队中其他人认可，希望不辜负管理者对他们的期望。
2. 渴望成为团队中其他人所关注的对象，希望团队中所有人都喜欢他，都接受他。

我们公司原来有一个小女孩，年龄特别小，但是在25岁的时候就成了公司的销售总监。这个小女孩的优势在哪里？她的眼光很独到。比如说，逢年过节给客户送点礼物，客户的会议室里坐了好几个人，她进去打眼一看就知道把唯一的礼物送给谁。但是后期我们公司的发展平台制约了她个人的发展，最后她跳到一家体育营销公司，任总经理一职。

一个小女孩管理一个300人的团队，功力真的很高。每次她给我打电话都会说："尚总，你知道吗，我老板和我讲了什么什么事情。"她之所以总是这样说，是因为她在向我传达一个信息——我在这家公司混得不错，不仅员工都喜欢我，老板什么话也都和我说，你看我是不是仍然做得很好。这就是感觉良好型的员工，她希望身边的所有人都喜欢她，都认同和接受她。

有一年这个女孩子要订婚了，她邀请我去参加订婚仪式，并对我说："我们董事长从加拿大回来亲自给我当证婚人，而且我们公司的几个独立董事会悉数到场，给我捧场。"因为我早就想认识一下他们的董事长，所以借这个机会就去了。结果订婚仪式从两点钟开始到五点钟结束，董事会成员一个都没来。后来我想明白了，她是感觉良好型的人，她向我传递一种信息，就是身边所有人都喜欢她、接受她。

如何与这类员工做好管理沟通呢？

1. 由于此类下属特别看重人际关系，对人热情，所以我们要在沟通中向他传递我也们很看重人际关系、我们对人也很热情的信息，以吸引他。

2. 感觉良好型的员工，你越和他闲聊，他对你的感觉越好。所以你可以在面谈中跟他闲聊一会儿，这样后期他会更健谈。

3. 让此类下属感觉在管理沟通中，管理者将注意力完全放在他身上，很看中他。

4. 沟通时可以用一些能刺激他们需求的词汇，比如说，"我很接受你"、"我之所以给你这么重的工作任务是要培养你"，等等。

第三类：做事平和型员工

此类员工的行为特征：

1. 性格安静、含蓄，偏内向。

2. 沟通时可以从容地面对管理者所提出来的各类问题，头脑反应不是很快，但却是个很好的倾听者。

3. 这类员工在沟通中会随时配合我们，老老实实地回答问题，但是需要我们能更好地在言语上引导他去多表达。

此类员工的心理需求：

1. 希望与团队中的所有同事都建立相互信任的关系，喜欢按程序做事。

2. 内心里特别希望能多参与一些团体活动，并在团体中发挥作用。

如何与这类员工做好管理沟通呢？

1. 考虑到此类下属思维决策较为迟缓且害怕风险，管理者在与其面谈时要显得镇静，富有耐心，讲话速度要慢，音量不要太高。

2. 尽可能显示出管理者的友好和平易近人，减小其心理压力。

3. 由于此类下属平时行事速度较慢，建立彼此的信任感需要一定时间，不可以在第一次面谈中显得过于热情，防止对方主动撤退。

我们公司每到年底为了答谢一些VIP客户，都会举办一个鸡尾酒会，大约两个半小时到三个小时的时间。这一年，有一个做事小心型的员工小高找到我，委婉地问我："尚老师，今年年底公司的鸡尾酒会谁来做主持人？"

之前有一年，我主动找到小高："小高，今年年底你来当鸡尾酒会主持人，好不好？"小高一开始拒绝："我能当吗？我倒是想当，可是不清楚如何当。"我说："你可以的。"就这样，小高当了一回主持人。他感觉很爽，直到所有的客人都走了，他还处于亢奋的状态。

这次，我一听就明白了，他是上次没当够。我就告诉他："小高，今年年底的鸡尾酒会仍然是你做主持人。"小高听了非常开心。因为在团队中发挥作用是这类人内心的梦想。帮助他最大化地去实现、满足梦想，这样就能满足他的心理需求。

当然，考虑到此类下属相对而言思维、决策较为迟缓，害怕风险，所以要循序渐进，一点一点来，防止这类员工为了保护自己而主动撤退。

第四类：拒绝排斥型员工

此类员工的行为特征：

1. 此类员工自身很有主见，不太配合管理者的谈话工作。不管我们说什么，经常只发出"嗯，嗯"的鼻音，让一些缺乏经验的管理者有点无从下手。

2. 在谈话时很少对工作主动表达自己的看法，如果管理者言语很犀利的话，此类下属会觉得很不适应。

此类员工的心理需求：

1. 希望在自己可以控制的环境下工作，对毫无创新的工作方法感到很自在。

2. 他们最大的需求就是做工作能够准确、有条理，做每件事情都要有一个结果，尽量避免出现差错，最怕在团队中的名声遭到损害。

3. 对管理者的话永远保持怀疑的态度，骨子里会永远认为别人在否定他——这也是心智不成熟的一种表现。

如何与这类员工做好管理沟通呢？

1. 与此类下属沟通时不要过于热情，不要把对方吓倒，要循序渐进。

2. 管理者需要使用大量的事实和数据，来讲解他下一步要做的工作的意义。

3. 在最终沟通结束之后，管理者仍需进一步给予适当的鼓励和引导。

4. 对于这类员工，管理者需要使用确定性很强的词汇来进行引导。比如说，"我会给你准确的结果，你放心"，"不会出现任何意外"，"我会给你详细的工作批示"等。

5. 为了能够让此类下属开诚布公地表达他们的想法，偶尔需要使用"黑灯3分钟法"。

"黑灯3分钟法"是从我国台湾地区传过来的一种管理方法，是专门针对拒绝排斥型员工的。如何实施"黑灯3分钟法"呢？就是把全场的灯都灭掉，当员工不知所措的时候，让员工相互摸索，然后左手搭右手，围成一圈，连续搭3分钟。3分钟以后，灯光亮起。无论是看左边这个人,还是看右边这个人,每个员工都是一种含情脉脉的眼神,因为有了"肌肤相亲"。

两个陌生人,距离比较远,心与心的距离一定比较远。我犯不着得罪你,我是不会主动讲你身上的缺点和优点的。一旦有了肌肤相亲,两个人之间距离就近了,这时就可以和对方讲真话了。

对离职员工的合理"挽留"

销售管理最大的难题就是人员流动性太强,培养了很久的员工突然跑到竞争对手那里去了。这不但是损失也是隐患。如果一个人来了又走了,可能是员工个人的问题;两个人来了又走了,也可能是他们两个人的问题;三个人来了结果都走了,那肯定是主管的问题。

一个员工离职的原因有很多,我们一定要先找出原因,才能对症下药,制定适合的挽留方案。员工离职有的是因为企业本身的因素所造成的,如工作环境、待遇、人际关系、工作节奏、团队或个人的发展前景和机会等,这些因素属于"推力性因素"。当员工感觉没有这种推力时,只能选择放弃现有的工作。

还有,就是员工自身的原因造成的。比如,个人能力水平跟不上公司节奏、搬迁后离公司太远不能更好地照顾家庭、感到力不从心希望继续求学充电等,这些因素属于"拉力性因素"。当员工感到外在压力很强时,他就很有可能想从压力中解脱出来,提出离职。

只有了解员工离职的原因,我们才能制定适合的挽留方案,化解这种冲突。

第一，用事业留人，用文化凝人

1. 合理用人

合理用人要做到：用当其时，用当其位，用当其长，用当其愿。

我以前在一家 IT 公司负责终端销售，从自己以前的代理商招来一名销售人员。他是做渠道销售的好手，和我私交很好。第一个月，他与同批加入公司的人表现差不多。但第二个月，其他人的业绩开始逐渐增加，而他的业绩始终无法达到公司最基本的要求。

为了帮他改进，我想尽了各种办法，可是都没有用。在这个过程中我发现，他以往的渠道销售经验和现在的终端销售方式格格不入。于是，我又想了很多办法去帮助他，但都没有效果。第三个月结束时，他的业绩还是在公司里垫底。这让我十分焦急。

后来，我发现他的性格属于话不多但做事特认真的人，并且在一对一交流的时候很容易让别人相信他的为人；相反，人多的时候他就不知道该怎么说话了。于是我有意识地对他进行了岗位调动，把他从销售一线调到负责客户服务方面。结果，在这个岗位上，他发挥得非常出色。

当员工有时候达不到考核标准时，我们不要马上就想着请他离开，而是要想到是不是应该把他放在更适合的位置上。

此外，我们在提拔下属时也不能操之过急，因为人才的成长是需要经过风雨洗礼的。用挫折与锤炼把下属真正变成枪膛里的"子弹"，这样一旦离开枪膛，他就会有极大的杀伤力。

2. 委任但不放任

每个人都有自己的长处，也有其短处，管理者要容得下人才，并发挥人才的长处。放权而不放手，委任而不放任，加强事中的监督。如果放任员工就等于遗弃了自己所慎重选择的人才。当然，一旦委任，就不应该过分干涉，要宽容到某种程度，这样才能留住人才。

在日常工作中，团队主管要给予下属一定的压力，采取"一逼、二帮、三放"的原则来进行管理。

3. 知人善任

一个人能翻多大跟头，我们主管就要给他搭建多大的舞台，这样才能给优秀的下属多提供一些施展自己才能的机会。一个企业不一定要拥有多少人，重要的是能够合理利用现有的人才资源，这才是企业最值得思考的问题。中国的企业缺乏的不是人才，而是用好人才的机制与人才成长的沃土。

第二，建立合理的薪酬及绩效考核制度

对于员工来说，工作的意义首要的也是最基本的一条，就是薪酬，这是所有员工都很关注的问题。因此，建立合理的薪酬及绩效考核制度是非常重要的。

1. 薪酬体系透明化

在公司内部，你可以提倡薪酬体系透明化。薪酬"透明"在很多公司是绝无可能的，因为在这些公司内部，薪酬一直是个谜。管理者制定了严格的制度禁止透露薪酬信息。但这种禁止其实是苍白的，因为员工之间会交流，你不可能堵住所有人的嘴。而如果让薪酬透明化，则可以激发员工之间的竞争意识。比如，一个员工这个月拿了5 000元，其他的员工可能就会不服气，要想方设法超过他，并且，有了前面的高工资，可以让其他员工相信，通过努力，自己也可以拿到同样或更高的薪水。

2. 实行奖励制度

在奖金发放方面，奖金的数额不要太低，那样会打击员工的士气；也不要对所有员工都发奖金，那样做会使激励变得毫无意义。只发给那些确实需要留住的员工，因为这些员工对公司的经营非常重要。

对于奖金的激励效果，有这样一条规律：你无法让所有的员工在任何时候都能保持快乐。

第三，满足人才的内心需求

高薪能吸引人，但不一定能留住人。从心理学角度来讲，人是需要与行为的整体。有了需要才有行为，有了需要和行为才有创造力。需求和欲求是激起人们心理活动的普遍原因，也是产生行为的原动力。

在企业的生产活动中，要想有效地调动员工的积极性和创造性，就必须认真研究和正确对待人的一般需要和特殊需要。只有掌握了人的需要，才能有效地引导人的行为。

管理的首要问题是如何调动人的积极性。了解人的需要就是为了掌握人的心理和行为规律，以调动员工的积极性。人们的一切活动都是为了满足自己的某种需要，需要是人行为的出发点。作为一个管理者，要实行有效的管理，就必须了解员工们的需要。只有了解员工们在想什么，有什么问题需要解决，并给予最大限度的帮助，你才能留住人，并激发员工的积极性。

每个人都需要被认可和被关注。在一个团队里被肯定和被关注，员工的归属感就会大大增强。所以，当员工们完成了某项工作时，管理者要对此表示认可，管理者的认可就是对其工作成绩的最大肯定。

另一方面，员工是否感到自己被关注也是影响其工作态度和士气的关键因素。要对每个员工都关注就意味着管理者要花费更多的时间在员工身上，可是，管理者花费的仅仅是时间，但传递给员工的信息却是非常在乎他们。而且，对于员工来说，最重要的不是上级能教给他们多少工作技巧，而是究竟有多关注他们。

我们在和员工相处时要有一些创意，比如让某个员工主持短会，或让某个员工组织培训会议。这样不仅可以把他的经验和大家分享，也会让他更有成就感。还有，当看到员工不快乐或不高兴的时候，要去了解原因，让他们体会到管理者时时刻刻都在关心着他们。相信有这样一个管理者，这个销售团队一定非常有凝聚力。在一个具有凝聚力的团队里，每一个员工的信心都会增强，并且会更快乐、更高效地工作，会营造出一个积极向上的工作氛围。

第四，关怀下属，营造和谐的工作环境

如果管理者能时时关心和体察下属的困难，处处营造相互理解、相互帮助的和谐环境，让大家都感觉到来自管理者的温暖，他的管理就能收到事半功倍的效果。

首先，我们应在工作中激发下属的积极性。要多鼓励，少批评；多支持，少设卡；多体谅，少武断；多引导，少指责；多直接倾听下属的意见；多进行换位思考。

其次，我们在生活中要体现出人情味。关心下属的切身利益，多了解下属的疾苦，多解决下属的困难，把对下属的关心与爱护渗透到生活的点点滴滴，以此来感动下属。只有这样才能够让下属心甘情愿地为公司赴汤蹈火，奋勇向前。

如何召开有分歧的销售会议

团队在召开销售会议时常常会有分歧，这就出现了目标置换或整体妥协的冲突。

什么叫目标置换？就是营销团队在召开销售会议进行集体决策的时候，原来的目标被新的目标替代了。营销团队成员都是一批具备创造性思维的人，在销售会议上经常是随意发挥，发挥的结果就是忽然发觉跑题了。

有一次，我参加公司例会，遇到一个非常有趣的事情。有一个销售经理给手下几个员工下派任务。经理分别对他们说，小王，下个季度你是多少万，小李，你是多少万，小张，你是多少万，小孟，你是多少万。

这时小王说："老大，我感觉这个任务额定得有点高。你看现在金融危机了，消费者的购买力都下降了，怎么可能完成那么多的任务额。"

小李这时也来帮衬了，说："自从金融危机以后不仅消费者的购买力下降了，招人都不好招了，没那么多人怎么完成那么多的任务额。"

小张在旁边也吹耳边风，说："现在招人太难了，特别是网络招聘，比较简单的就是校园招聘，校园招聘的大学毕业生比较听话，想让他怎么走就怎么走，我们可控性更强一点。"

这时小孟在旁边马上举手，说："我认识某学校的学生会主席，我们可以让他们配合做一下校园招聘工作。"

最后，经理说："那你明天把资料报给我。"我坐在旁边忍不住就乐了，我问那个经理："你开会的目的是什么？"他说："是给下属下派任务。"我说："那现在呢？结果变成一个是否做校园招聘的问题。"

像这种情况如何解决呢？很简单，就是每次召开会议，均指派一名团队下属做会议主席，负责会议的组织与执行。会议主席要在会前把讨论主题分发给与会成员，并在会议上主持。解决完一个事情，再解决下一个事情。会议结束后，会议主席必须把讨论结果整理并提交给与会的成员。这样，就保证了会议不跑题，也能避免议而不决。

在我们公司，我开会时喜欢设大会轮值主席，让主持人控制节奏。每解决完一个问题之后再解决下一个问题，而且每轮讨论只围绕墙上"时、地、人、事、物"这五个字来进行推进。"时、地、人、事、物"指的是什么时间、什么地点、什么人、做什么事情，做这些事情需要哪些辅助的物品准备。每次讨论的时候先把5个关键性的节点问题讨论清楚，以防止员工跑题。

什么是整体妥协呢？整体妥协也叫群体思考，就是销售团队成员为了不破坏团队的和谐气氛，不愿意纠正同事的错误。这时的决策会倾向于折中和妥协，为了一致而一致，结果影响了决策的客观性和决策效率。

比如说，一个团队里有10个人，销售经理开会时宣布了一项政策，这时有8个人举手表示坚决拥护。即使还有两个人不同意，但是看其他

8个人都举手了，他们俩也会举手，只要剩下的两个人一举手就会影响决策的客观性。这就是从众心理。这就好像大街上有两个人在吵架，本来没多大事，结果看的人越来越多，都围起来看，后面的人不知怎么回事也停下脚步，抬头向人群里观望。

对于这种整体妥协的问题，可以这样解决：每次会议，每个员工都要扮演红白脸。对每一个方案，不管你是多么反对或多么赞同，都要提出一条反对意见和一条赞同意见，同时你所表达的意见不能与其他同事的相同。这样逼着每个下属都挖空心思思考每个方案的不足与优势，这样可以保证在最终决议时，与会成员对每一个方案的可行性都有了深刻的认识，从而不会产生中庸的决策。

为了开好销售会议，我还总结了几个方法：

1. 站着开会

我们公司开会都是站着开会。因为我在外资企业里做过，很多外资企业在开会时，会找一个比较安静的角落，几个人往那里一站，解决完事情就解散，时间短，效率高，而且站着开会让大家的距离能更近、互动性更佳。

我们知道，日本企业里的效率是极高的，他们最讲究开会效率，绝不开无用的会。他们每次开会之前，都在会议室里张贴本次会议的成本：多少人参加，开多长时间，每小时工时费用，最后累计起来公布。这样下来主持会议的人和参加会议的人都会做到心中有数。日本的会议室不像我们国内这么舒适，而是十分简陋的，不但没有烟没有茶水，而且没有椅子，开会的人都站着开。这是用简陋的条件控制会议的长度，管理时间资源，提高开会的效率。

现在我们公司开会，唯一可以坐着的人就是公司前台，因为前台需要记录会议内容。开会的时候，其他销售经理都站在前台前面，然后我站在前面开会。非常简单，也非常有效率。

2. 在 KTV 开会

现在销售人员多是 80 后、90 后，比较年轻，不喜欢在会议室里开会，这时怎么办？我会选择在 KTV 的包间里开会。年轻的员工都喜欢玩，喜欢唱歌，而且很多大的 KTV 里还有自助餐，大多是免费的。

一般我会选择在上午开会，因为晚上太贵。开会的时间我给他们定 3 个小时，第一个小时让他们唱歌，第二个小时吃饭，吃完饭以后第三个小时就是开会了。

为什么要在 KTV 里开会呢？从心理学的角度来看，一个员工开会的时候喜欢在特别安全的情况下讲话，而 KTV 里面灯光昏暗，大家都看不清对方，他就感觉自己受到了保护，就愿意主动表达他的想法。此外，很多员工愿意在兴奋的状态下去发言，大家刚刚唱了一个小时的歌，状态一直还兴奋着，这时更愿意畅所欲言。这种方法特别适合那些平时不爱讲话的人。

SECRETS
OF POWER
SALES TEAM

第七章
打造激励机制

领导者的自我"磁力"提升

俗话说商场如战场，只是商场是一个没有硝烟的战场。对于员工来说，不论他的本领有多高，战斗力有多强，总会有不顺的时候。如果他经历挫折就一蹶不振，整个团队的士气都会受到影响。这时作为销售经理你是不是很头疼呢？

还有，很多销售经理经常抱怨，老板不给管理的权限，而员工对自己的管理又不服。销售经理不具备个人权威，上级下达的工作指示就无法部署到员工当中，他的决策也就无法实施。

面对这些情况怎么办？最好的办法就是领导者要学会提升自我"磁力"。说白了，就是你得提升你的"煽动性"。"煽"，我个人的理解是个褒义词，很多管理者经常说自己擅长做，但不擅长说，那他真的是差了一点点。其实，要提升个人的"煽动性"有很多方法，不一定会说，但一定要会做；不一定会做，但一定要会说。所以说，领导者在激励中的表达能力与方式是很重要的。

第一，领导者要有宽大的胸怀

现代销售人员多是年轻人，由于工资制度实行的是竞争机制，员工之间难免会产生一些小矛盾。如果领导者没有宽大的胸怀，甚至小肚鸡肠，非但不能调节好员工之间的关系，还难以树立起个人的权威。

我们都知道《三国演义》里的袁绍，袁绍这个人比较好大喜功，心胸狭窄。有一次，袁绍要在官渡攻击曹操。他手下有一个谋士叫田丰，说这场战争天时地利人和都不利于我方，此战一定会失败，劝袁绍不要发动这场战争。袁绍一听，心里不爽，就把田丰关了起来。结果，袁绍真的如田丰所说战败了。这时，袁绍不但不检讨自己，却迁怒田丰，把他给杀了。最后的结果大家都知道了，袁绍家破人亡，一败涂地。

再看曹操就不一样了：不管是谁，只要说的对自己有利，他总是大加赞赏，总是给下属一个相当宽松的工作环境。曹操的心胸还是比较宽广的，当他打败袁绍后，在清理袁绍内府时发现两大箱自己手下人写的密信。曹操比较聪明，他马上命人当着手下人的面把这些东西全部烧掉，不留痕迹。这什么意思？意思是说，以前袁绍比我强大，你们谁通敌，我不追究了。现在你们要死心塌地跟着我，因为我已经把通敌的证据全烧了，你们跟着我干就没有后顾之忧了！

因此，聪明的领导者一定要学习曹操，要有一个宽大的胸怀。同时，领导者与人相处要懂得谦虚，不要摆出一副高高在上的样子。在工作中不论取得多大的成绩，也不要到处张扬。

第二，要求别人做到之前，自己先要做到

作为领导者，在要求别人做到之前，自己先要做到；如果自己都做不到，就不能轻易要求别人来做。

有一只母蟹对它的孩子说:"孩子,你怎么能横着走呢?向前直走多方便,改过来吧。"

小蟹说:"妈妈,您说得太有道理了,可是我不会。您能给我做个直走的样子吗?"

结果,母蟹试了几次,也没有做到。

如果你是一个销售经理,自己经常迟到,就无法批评其他员工的迟到;如果你自己经常谈论老板的不好,就无法批评其他员工在背后说人坏话;如果你自己从来不注意卫生,就无法批评其他员工卫生搞不好;如果你自己天天工作很懒散,就无法批评其他员工工作积极性不高……所以,作为领导者,在规章制度、对公司忠诚度、工作积极性方面都要起到模范带头作用。

第三,敢于面对和承担责任,更显人格魅力

领导者应该把公司的团队当作自己的团队来管理,负起责任。遇到错误,积极去面对;遇到挫折和困难,不去躲避;遇到问题,不去推诿。在老板和顾客面前要有承担员工错误的勇气,在员工面前要有承担员工所指出的老板错误的决心。只有做到这样,才能树立起自己的人格魅力。

我们可以看这样一个故事:春秋晋国时,有一个叫李离的狱官,有一次他在断案时,因误听人言,错杀了无辜。后来真相查出来了,李离很后悔,他准备以死赎罪。晋文公知道李离正直,是个好官,有意保护他,就说:"这个案子错在下面的办事人员,又不是你的罪过。"李离却不这样认为,他说:"我平常没有跟下面的人说我们一起来当

这个官，拿的俸禄也没有与下面的人一起分享。现在犯了错误，我怎么能把责任推给他们呢！"于是，他自杀了。

领导者要想管好下属必须以身作则，要像李离那样勇于替下属承担责任。这其实是另一种"煽动性"，而一旦通过表率在员工中树立起威望，你的团队将会上下同心，大大提高整体战斗力。

第四，领先的专业技能是树立个人权威的基础

很多时候员工不服从领导的命令，是因为领导的专业技能不强，甚至还不及员工。一个销售团队的领导者从事着整个团队的决策性工作和管理工作，同时拿着高薪水，所以在老板和其他员工的眼里，对他们的要求本身就要更高一些。

如果领导者的管理不如手下，给手下安排工作任务时就会显得很苍白无力；如果领导者的销售能力比手下弱，跟手下说销售技巧时就很难让人接受；如果领导者的协调能力不强，跟手下协调工作时就难以让人心悦诚服……因此，领导者最好具备某种强于团队里其他员工的专业技能，或者是综合能力——如果综合能力不行，其他方面就要非常出色，否则就难以服众。

第五，关心员工不能只停留在嘴上

有一个开公司的朋友跟我抱怨："老尚啊，我们公司的员工太不忠诚了，一年里总会走掉1/3，公司因此很难成长。这就好像在沙滩上盖房子，盖起来没过多久就塌了，又得从头再来。"后来我建议他做个员工离职原因和员工满意度调查，结果出来了：超过50%的员工对公司整体不满；近80%的离职员工说他们离开是因为在这个公

司看不到成长和晋升的希望；超过 60% 的离职员工离开是觉得自己部门工作氛围不好，领导不值得跟随。

　　这个案例中凸显的问题自然是整个公司的问题，但问题的另一个根源却是来自公司的各级管理者。如果各级管理者真心关心员工，就会创造出比较好的工作氛围，这样即使员工收入不是很高，也不会马上走掉；如果管理者真心关心员工，就会主动培养自己的员工并从公司争取资源帮助他们成长。

　　我们很多公司的管理者关心员工仅仅停留在口头上，这是要不得的，我们应该更真诚一些。员工感冒了，领导主动给他买感冒药，帮他安排轻一点的任务；员工出现经济困难，领导主动借钱帮助他，就会让员工感动……如果领导能够做到真诚地关心员工，其在员工心目中的分量无疑会是最重的。

对团队成员的激励艺术

大家都知道，销售是一个被他人高度拒绝的工作。领导者一定要掌握多种激励团队的有效方法，来保证手下人随时拥有自信，发挥其内在潜能，一步步进入较高的发展阶段。一个人来到我们的团队一定是来寻找成功的，但如果到了我们的团队中反而不想成功了，那是谁的责任？那一定是领导的责任。

如果一个团队的领导者能够让其手下"不用扬鞭自奋蹄"，即使是一个沉默的羔羊也爆发出了火山般的激情，那他这个领导的位置就坐得非常舒服了。如何做到这一点呢？激励是调动下属积极性、创造性的最好方法，它的作用和产生的效果是巨大的。

大家都知道"望梅止渴"这个成语，它背后有一个故事：有一年夏天，曹操带兵去攻打张绣，一路行军，走得非常辛苦，而且当时天气热得出奇。手下人走了一段时间后，都觉得透不过气来。这一路上又都是荒山野岭，没有人烟，方圆数十里都没有水源。到了中午，士兵又渴又累，行军的速度也慢下来，还有几个体质弱的士兵竟晕倒在地上。

第七章
打造激励机制

曹操一看，这样怎么行呢！可是附近又没有水源，找来向导一问才知水源离这里还很远，将士们马上就要坚持不住了。怎么办呢？曹操是一个聪明的领导，他灵机一动，脑子里蹦出个好点子。他就跑到山冈上，抽出令旗指向前方，对手下人喊道："我知道前面有一大片梅林，那里的梅子又大又好吃，大家再坚持一下，走到那里就能吃到梅子了！"

将士们听了曹操的话，想起梅子的酸味，就好像真的吃到了梅子一样，口里顿时生出了不少口水，精神也振奋了，鼓足力气加紧向前赶去。就这样，曹操终于率领手下找到了水源。

一个优秀领导者的最高境界是什么？是"无为而治"。当自己什么都不干的时候，应该有人帮我们干。曹操就是个非常优秀的领导者，他对手下既没有打骂，也没有训斥，而是通过"望梅止渴"来激励手下快速行军，从而达到了"无为而治"的目的。

现实中，也有很多优秀的团队领导者，虽然大多数时间在休闲、健身，但公司却运转得很好，团队的效益稳步上升。他们大都是会使用激励手段的领导者。世界500强的企业在选拔CEO时，除了考察其经历、知识等能力之外，激励能力的高低往往是能够一票否决的指标。这是与领导工作的特征紧密相连的。

管理一个团队，如果强压，就会造成"官逼民反"的现象，这时就要求管理者要懂得对团队成员的激励艺术。

第一，奖励的艺术

奖励有物质奖励和精神奖励，当然无论是哪种奖励，都是一门艺术。

前几年，我给员工奖励时一般不直接给现金，而是转换为物质奖励。有一年，公司几个销售精英每个季度都超额完成任务，而且提成没少拿，最后我还奖励每人一台22寸彩色电视机。22寸彩色电视机这两年很少见了，前两年这样的电视机一千多一台。

我为什么要奖励他们电视机呢？因为我发觉给他们奖励三千元、五千元，他们没什么感觉。反过来，我奖给他们一台大电视，他们反而特别开心。一抱回家去了，这些员工的父母会问："孩子，从哪弄的电视？"员工会说："我在公司销售做得好，业绩达标，公司奖励我的。"员工的父母会说："你们公司太仁义了，奖这么大个一个东西哪！"

"奖这么大个的一个东西"是什么感觉？给人感觉是捡了大便宜似的。

除了物质奖励，我更侧重于精神奖励。其中一个比较好的精神奖励就是旅游。虽然现在员工的生活水平提高了，但是只要公司花钱，让员工免费去玩，员工肯定会很开心。

我们公司当时规定前10名有重奖：其中，前三名提供国际旅游，后七名提供国内旅游。当然，旅游花费也是很贵的。如果公司条件允许，我们去哪都可以，但如果条件不允许，我们就要适当控制。比如说，前三名国际旅游的人想去趟欧洲、美洲，这些地方都比较贵，怎么办？我就建议大家去近一点、条件差一点的国家。

有的员工可能会在心里说："尚总太抠门了。"我告诉他们："咱们去生活水平稍差一点的国家，环境比较美，而且我们到了那里会有一种大款的感觉。"

后七名员工也用这种办法，这样既满足了员工的需求，也节省了公司的开支。

第二，授权的艺术

适当的授权可以最大化地调动下属的积极性。一般来说，对下属授权的方法之一就是在定价和服务上给他们一定的灵活处理的权力。

某个汽车配件制造商感到业务竞争越来越激烈，客户对价格越来越敏感。老板决定允许销售员小陈在没有经理批准的情况下，可以对部分价格进行谈判，不必再执行固定价格。

老板给小陈一定的价格谈判幅度。同时为了确保做交易时小陈不会主动将价格降到最低，老板改变了佣金结构，佣金随签单价格变动：按原价格销售意味着能拿100%的佣金；价格下降5%，佣金降低10%；价格下降10%，佣金下降20%。刚开始，老板估计小陈会对此变动感到不快，但没想到，小陈非常赞同。

显然，销售团队成员希望在和客户谈判时有更多的主动权。因为在销售人员看来，这样不需要反复向老板请示，他们会更快达成交易。

为确保授权的激励效果，管理者要注意以下几点：

1. 注意把命令与正面评价相结合，批评工作行为而不针对某个人。你可以这样说："尽管我们的送货员没有送货，但会确保把货按时送到，仍然是你的责任，你有权要求送货员及时把货送到。"但不要说："这是你的责任，但因为你根本没当回事，货没有按时送到。"

2. 在你赋予手下权力之前，询问你的手下，听听他认为该怎么做。

3. 当使用其他人的建议时，你要表明你是采纳其他人的建议而行动的。

第三，赞美的艺术

每一个人都喜欢被赞美，因为赞美的语言让人听起来总是那么开心。一句普普通通的赞美有时可以改变一个人的一生。

大家都知道戴尔·卡耐基是成功学大师，但卡耐基小时候可是一个公认的坏男孩。在他9岁的时候，父亲把继母娶进家门。当时他们还是居住在乡下的贫苦人家，而继母则来自富有的家庭。

父亲怕卡耐基对这个后母无礼，就提前给妻子打了预防针："亲爱的，希望你注意这个全郡最坏的男孩，他已经让我无可奈何。说不定明天早晨以前，他就会拿石头扔向你，或者做出让你完全想不到的坏事。"

没想到，这个继母微笑着走到卡耐基面前，托起他的头认真地看着他，接着她回过头来对丈夫说："你错了，他不是全郡最坏的男孩，而是全郡最聪明最有创造力的男孩。只不过，他还没有找到发泄热情的地方。"

继母的话让卡耐基感动得不得了。就是凭着这一句话，他和继母开始建立友谊。也就是这一句话，成为激励他一生的动力，使他日后成为一名成功学大师。

同样，在管理团队的过程中，赞美也是激励员工最快捷、最实用、最经济的办法。赞美可以提高员工的自信心和工作激情；赞美可为管理者树立个人威信；赞美还可以创造良好的企业文化。

每一个销售人员都希望得到赞美，但随随便便褒奖销售员，可能会被销售员误解或看轻，会认为领导没有原则。因此，赞美员工，要因时、因人不同而采用不同的方法。

首先，要找到被赞美人最需要的赞美方式。

当员工缺乏信心时，此时的赞美则可以使他受到鼓舞，并激发其自信心。注意，要赞美得自然，刻意地赞美可能会让他感到尴尬，这样反而会适得其反。

其次，赞美员工也要掌握时机。

成果出现时立即夸奖，不拖延时间；或者可以在一对一的时候赞美他，说句"这都要归功于你的努力"，这样私密式的赞美会让员工感觉自己受到更多的关注，同时也可增加彼此的亲密感。

第四，控制的艺术

在团队管理过程中，冲突虽然有着极强的破坏力，可是如果懂得适度控制，却会有意想不到的收获。其实，冲突也是沟通方式的一种，让大家有机会面对面地交换意见，彻底了解彼此的想法。

团队存在的最重要的目的就是为了融合不同的意见。如果两个人的意见永远一致，就表示其中有一个人是不需要的。也正因为存在着差异，所以就有了冲突。因此，身为团队领导人，要做的不是避免冲突，而是有效地管理冲突，利用冲突发掘不同的意见。

身为团队的领导人，应该适时引导认知层面的正向冲突，让成员彼此之间公开而直接地交换意见，并确保最后有实质性的结果。

1. 管理者应主动鼓励手下表达不同的意见

在这个过程中，管理者应多听、多观察。如果发生冲突，要找到冲突的原因，让冲突有明确的焦点，并且在适当的时机指出问题所在，打破僵局。

2. 管理者还要激发员工发表不同的意见，确保每个人有发言的机会

管理冲突的第一个重点就是鼓励所有人公开而直接地面对冲突。管理者应该让所有人清楚地知道，当有任何不同的意见或是心里有丝毫的困惑时，他们都应该直接说出来，当下解决，这是每个成员应有的权利。如果不敢直接面对冲突，那在这之后就要闭口不提，不能私下抱怨或事后批评。

3. 你可以运用一些方法来鼓励大家在会议中主动发表不同的意见

提出反对意见总会让人感觉不自在，不如就从自己做起，提出不同的想法或是意见让大家讨论，或是主动反驳自己的意见，这样团队成员也会愿意说出一些不同的想法。当有人提出不同的意见时，管理者可以表示认同，这样能增加对方的信心或减缓心理压力，最好是能具体说出你认为这个想法好在哪里，而不只是用简短的"很好"两个字匆匆概括。

4. 你必须了解每个团队成员的个性以及响应冲突的模式

对于那些个性内向或是不喜欢主动发言的人，管理者应该适时地给予鼓励或是引导，避免发言集中在少数人身上。同时管理者也不应过分介入或干预，有时候必须让紧张的气氛持续下去，让成员彼此挑战与刺激，才有可能激发出最好的创意以及解决方法。管理者必须让冲突得到自然解决，尽管过程会有些混乱，也不要试图指正。

5. 身为主管的你应该多听、多观察

主管倾听与说话的比例应该是9:1。主管可以适时地重复某个人所说的话，确认自己以及其他成员没有误解对方的意思。当所有人都表达完自己的意见后，主管再提出自己的想法。通常团队成员很容易受到主管意见的影响，所以不应该在冲突刚开始的时候就开口，这样反而容易使讨论向单一的思考模式靠拢，压缩了讨论的空间。另一方面，当主管陈述自己的意见时，也应该明确表达自己的想法或立场。

第五，调动情绪的艺术

工作中，我们肯定碰到过这样的情况：身边总会有几个一天到晚怨

天尤人的同事，不管是在每周员工例会上，还是在吃饭时，他们始终在抱怨。他们几句泄气话，就能让一个热闹的头脑风暴会议前功尽弃。

为什么会这样？因为情绪具有"传染"性，他们的坏心情会快速地传播，并让每个人都不爽。如果我们不想自己的团队被这种坏情绪污染，那首要的任务是避免污染源的出现，如果出现了，那就找到它并消灭它。

首先，你得避免自己成为情绪的污染源。

作为管理者，你的情绪会左右每一个人的情绪。你情绪不稳，这种不安的情绪就会传染给团队中的每一个人。你就像是一个家庭的主要成员，如果你的情绪不好，一家人都要看你的脸色。所以，每天上班之前，无论自己的情绪多么不好，都要学会自我调节，不要把自己的坏情绪带到公司来。

其次，要懂得如何营造健康愉快的团队情绪。

每个团队都有一定的氛围，表现为团队的情绪，如愉快的工作氛围、沉闷的工作氛围、复杂的人际关系等。这种团队情绪会影响员工的工作效率和心情，甚至会成为一个员工是否留在这里工作的原因。因为团队对个体的影响力要比个体对整个团队的影响力大得多。所以，作为管理者，除了不把自己的情绪带到下属面前，更应该重视整个团队情绪的建设。比如每个团队都会被公司安排有旅游的福利，那么如何操作才能让团队的愉快氛围提升呢？我们可以通过下面的案例了解下普通管理者与优秀管理者在营造团队氛围上的差异。

普通管理者的发文内容如下：

欢乐谷旅游通知：经研究决定，三八妇女节组织全体员工去欢乐谷游玩。时间为期一天，全体员工务必带好身份证，于当日早上 8 点前赶到公司楼下集合，否则后果自负。

另：公司负责门票和来回车费，游玩期间，伙食费自理。无特殊情况，不得请假。

优秀管理者的发文内容如下：

欢乐谷邀请书：如果你想尖叫而公司里不允许，如果你想牵漂亮MM的手却总找不到机会和借口，如果你想忘记无处发泄的郁闷和不快，那么，请在下面签上你的大名，参加公司的欢乐谷之旅吧！

启程前一天，让几个年轻活泼的同事给每个部门送两样东西——门票与一张卡片。卡片上的内容如下：

恭喜你已经成为我公司妇女节欢乐之旅的成员！请你作好如下准备：

1. 带好身份证，保管好你的门票；

2. 带上让你舒适、保暖的衣服；

3. 约好你的朋友；

4. 如果嫌坐车去麻烦、步行又累，请早上8点到公司楼下统一乘车前往；

5. 如果你不吃不喝，可以不带钱。

祝大家玩得愉快！

我相信所有的员工都喜欢后者为大家营造的积极的团队氛围。

第六，点燃激情的艺术

对大多数管理者来说，缺少的不是理智，而是情感。员工的激情就如同企业的生命。凭借激情，员工不仅可以释放出潜在的巨大能量，还可以发展成坚强的个性；凭借激情，员工可以把枯燥乏味的工作变得生动有趣，使自己充满活力；凭借激情，员工可以感染周围的同事，让他们理解自己、支持自己，拥有良好的人际关系；更重要的是，凭借激情，员工可以感染顾客，完成更高的销售业绩。

第七章
打造激励机制

"卖鱼，卖鱼，卖会飞的鱼！新鲜的鱼，会陪你聊天的鱼，快来买啊！"一个充满生机的鱼市场，一阵阵热情洋溢的吆喝声，一条条活蹦乱跳的鱼飞到了顾客指定的地点。

这是美国作家史蒂芬所著《会飞的鱼》一书中的卖鱼场面。书中的主人公玛西雅来到肯尼街鱼市场，依靠从那里学来的工作哲学，改变了整个团队成员的工作态度。在很短的时间内她将没有活力的销售部门脱胎换骨，变成了一支具有激情与活力又无比精干的超级团队，并使公司扭亏为盈。

我们如何点燃团队的激情呢？

1. 不要让管理变得冷漠

业绩、指标还有人际关系的处理，对管理者来说，是无法承受之重，它们让管理变得越来越单调，甚至是冷漠。表面看起来，员工踏踏实实、俯首听命，似乎很顺从，但实际上他们仅仅是在完成自己应尽的职责，缺乏投入，更没有主动性。因此，想要点燃团队的激情，请先收起你的冷漠！

2. 不要总是高高在上

现代人工作的目的不仅仅是为了生存，更希望通过工作或事业来获得成就感。所以他们不仅需要一份满意的薪水和一个良好的工作环境，更需要在企业中得到快乐和发展。所以，不要总是对员工板着脸，不要总是高高在上，要做一个"远景规划者"、"煽情高手"、"内部员工的服务者"，这样的管理者一定会大受欢迎。

3. 创造良好的鼓励机制

对于有激情、能创新的员工，建立良好的机制进行鼓励，也是一个不错的方法。员工的激情是企业最好的资源，不但要善于运用，更应该

将其置于良好的机制当中，以保证其生生不息。

管理者可以设立销售业绩排行榜，这样可以激发员工的荣辱感，同时还可以发现员工的心态和市场问题。

（1）周销售榜：将一周的销售业绩排出名次，进行奖励和处罚。因为周销售榜的特点为短、频、快，适合旺季快销产品的销售。可以奖励第一名，处罚最后一名。奖励方式以现金发放为最好，额度不等；处罚方式则不宜罚现金。

（2）月销售榜：将一个月的销售业绩排出名次，进行奖励和处罚。月销售榜和周销售榜只能取其中之一使用。奖励前3名，处罚最后两名。奖励可采用物质和精神两种方式。物质奖励以现金或奖品为主，额度比周奖励大一些。受处罚的人员不罚钱但是要无偿加班，并且要保证完成下月的销售任务。对连续3个月不能脱离最后3名的员工做辞退处理。

（3）季度销售榜：对连续3个月的销售业绩进行总排名，进行奖励和处罚。这种方式适合旺季非常明显且销售时间较长的产品。月销售榜和季度销售榜可并用。奖励前5名和进步最快的两名，处罚退步最快的两名。奖励可选择有薪假期奖、培训课程奖、现金奖、实物奖等其中一项，并颁发奖状和证书。退步最快的人员直接做辞退处理。

（4）年度特殊贡献奖：针对为公司的发展作出突出贡献或在职一年以上且表现优秀的员工设置的奖项，奖励前10名，可设旅游奖、有薪假期奖、年终奖金等，获奖者只可选其中一项。

第七章
打造激励机制

进行"非物质"激励的具体方法

在国内做市场，尤其做营销团队，大的公司要靠制度，小的团队一定要靠这个团队管理者的个人魅力。只有这样，这个团队才会真正成型。如何成型呢？要采用差异化管理的模式。作为管理者，你要"与众不同"。

什么是"与众不同"？用一个例子来说明。我们小学课文里学过"乌鸦喝水"的故事，我把这个故事延伸了。

有一天，一只乌鸦非常口渴，在天上飞呀飞，低头一看，地下有个瓶子，瓶子里有少量的水。乌鸦很聪明，它往瓶子里扔石头，随着水位的上升，这只乌鸦就喝到水了。

这时又飞来一只鹦鹉，它也非常口渴。在天上飞了半天，它忽然发现，乌鸦旁边有一个瓶子，还有少量的水。鹦鹉就落到乌鸦旁边，问乌鸦："乌鸦，你怎么不喝了？"乌鸦说："你以为我不想喝啊，喝不到了。"鹦鹉说："我有办法。"鹦鹉从身上拿出一根吸管，往瓶子里一插到底，它就轻松地把剩余的水全部吸干了。

乌鸦看到了这一切，很是郁闷，乌鸦以为自己已经很聪明了。自己想了半天，用一种与众不同的方式喝到瓶子里面的水。没想到鹦鹉比自己还聪明，它用了一种更简单、更快捷的方式，喝到了更多的水。

这个寓言很简单，道理却很深刻。很多管理者在多年管理营销团队的过程中，都没有找到一种或几种能够与众不同的"喝到水"的方法。那么除了常规的激励手段，我还有一些差异化的激励方法分享给大家：

方法一：大人物引导法——如何激励没有提升机会的员工

在销售团队里，提升或者说晋升的机会一定是有限的，名额只有一个或几个，并不是大家业绩做得好就都能晋升。这时候对一些渴望被关注，但业绩无法达到最前列的下属如何去激励呢？

前几年我在为国内某品牌做团队管理咨询时，就遇到了管理者们所提出来的类似的困惑。针对团队里销售做得特别好的业务人员，提升为主管是理所当然的事情，因为营销团队讲究"业务部门，业绩挂帅"。但现实中，团队中的大部分人员，都处于业绩不冒尖，但也可以达到认可的程度。类似于此类业务人员应如何进行激励呢？这时最好的办法就是巧妙使用"大人物引导法"。

首先，人类的需求是没有什么就渴望什么。当销售人员发觉同事的照片经常出现在公司业绩榜上的前几名时，自己偶尔会有些失落。其内心其实也很渴望能够像同事一样以"大人物"的形象出现在公司的墙面上。在以业绩不可能实现的情况下，是否能有其他的方法呢？

在咨询过程中，我给出的操作方法就是：让营销团队里的每一个销售人员都能够把自己的照片放到墙上去展示，去当"大人物"。这就是员工个人风采展示，配一张大照片，然后自己在旁边写上本月的目标销售额，写上个人的销售宣言和个人的兴趣、爱好等等。

第七章
打造激励机制

很多含蓄的销售人员不好意思说自己的优点，这时我们可以找团队里他（她）最好的朋友帮忙。我给这个朋友的身份起了个名字，叫"爆料人"——很轻松、娱乐的方式就可以把团队成员的情绪调动起来。

我们公司曾经有一个女孩子姓赵，以前是做导游出身的，前几年导游不是很好做了，来我们公司做销售。小赵有一天突然冲到我办公室，她问我为什么每个月墙上的排名照片只放前三名。我说因为是冠亚季军。她说能否每次放前四名。我问为什么，她说每次自己都是第四名，其实她也做得很好，但是同事都不知道。我作为主管的回答是没办法修改，因为如果我答应了，第五名找上来我怎么办，这是恶性循环。我让小赵直接表达她真实的想法。小赵说她就是想把自己的照片摆上去。

作为管理者，我们要不要让她如愿？答案是肯定的。实施方法就是"大人物引导法"——优秀员工风采展示。虽然小赵达不到前三名，但第四名却属于优秀员工的范畴。我规定第一期先挂小赵，也把照片放上去。听同事讲当小赵听到自己也可以在墙上展示自己时，第二天就把13寸的艺术照发给她的主管了。她的主管管理功力也很高，左边挂上小赵的照片，右边仅靠着照片标了一个大大的数字：240万。这是小赵下个季度的任务额，因为墙不是白上的。这在管理学上是说得通的，因为直观的任务额能给销售人员带来压力。

但是左边照片右边任务额，我个人感觉管理得有点直白，所以有时需要用文字弱化下员工的任务额。我们可以把每一个上墙展示的优秀员工的个人兴趣、爱好、特长写上。

小赵当年在我公司是"麦霸"，所以第一个爱好一定是唱歌。但小赵自己不好意思写，女孩子脸皮薄，不好意思自己夸自己的。这时怎么办呢？一个营销团队中男士会有一个好兄弟，女士会有一个好姐妹。我们把小赵的一个好姐妹作为"爆料人"，让她写"本期主打明星赵××"，再把小赵的爱好写上，比如唱歌、逛街、吃零食、看帅哥等等。小赵看到后开心得不得了。

我们管理者可以思考一下，有的时候帮助员工解决了问题，但并没有花什么钱，就在这个时候员工体现了他们的价值，他们开心，我们也开心。

方法二：开心锣鼓法——形成团队特有的竞争氛围和情感

开心锣鼓法可以让我们的销售团队形成一种特有的竞争氛围和情感。

如何操作呢？我们可以在团队办公室里放一面鼓，然后严格规定，任何一位员工只要签成一单业务，就主动走到那个鼓面前，拿着鼓槌连续敲5下。意思是："我又签单了！"然后规定其他在办公室里的员工，无论当时在做什么，聊天也好，整理资料也好，只要听到鼓声响起，全部起立并鼓掌。

为此，我还特意专门观察了一下。虽然大家都站在那里鼓掌，但是鼓掌的大部分同事眼神中流露出来的都是"兴奋加仇视"的光芒。为什么会"仇视"？因为他们的压力增加了，同事又签单了，这个时候整个营销团队的竞争氛围也就出来了。

团队其他成员会边鼓掌边下决心，下一次一定要自己来敲这个鼓。如果一个员工，每次都是别人在敲鼓，而就他一直坐在那里，他会发觉自己和同事之间有差距了。如何改变这种差距呢？除了自然流失外只能是更努力地去工作了。

方法三：梦想制造法——满足员工灵魂深处的需要

一个优势销售团队领导者最大的财富是什么？某些时候是你有多大的梦想就能引导多少的人才！通过完成自己的梦想来带动下属完成他们的梦想，因为没有梦想的人会追随有梦想的人。这就是管理心理学中专门阐述的"满足一个下属灵魂深处的需要"。

如何满足一个下属灵魂深处的需要？梦想制造法是专门让下属实现其个人梦想的方法。

梦想制造法的具体实施方式如下：在每年的年初，你可以找每一个销售人员进行一对一的谈话。只与你的销售人员沟通一个问题，那就是到今年年底，假如这个员工100%地完成公司给他规定的销售任务额，他灵魂深处最渴望得到的东西是什么，他最想实现的梦想是什么，然后在年初有条件的情况下，提前预演，让他感受一下这种满足是什么样子。在员工的满足感产生后，你可以给员工一个承诺，假如他100%完成任务额，就让他拥有这种满足感。

我公司员工小孟，某一年年初与我沟通时，专门强调了如果完成全年的任务额，最想做的事情就是和我一样做个讲师。原来小孟有当讲师的欲望。我说可以，先让你感受一下。我把全体员工都叫到会议室，让小孟站在讲台上，先让他给我们讲3个小时。我坐在第一排，让小孟在那里讲，每隔5分钟我就带头鼓掌。20分钟后，小孟下来了，说讲完了。我说很好，台风不错，表达方式不错。如果年底你完成了公司规定的任务额，可以先从公司的内部讲师做起。如果后期有深入发展的愿望，我可以通过全国培训圈的资源，让你成为真正的自由讲师。小孟非常开心，那一年她的工作也真的比往年更努力。

还有，我公司有一个营销总监，很有能力。他在这个位置需要对公司整体业绩承担责任，必须安抚住。有一年的春节之前，我对营销总监说你最想得到的东西是什么。他说如果到今年年底我完成了公司整体的任务额，我就想换辆奔驰。我问他为什么喜欢奔驰。他说不是他想开奔驰，是他们家的孩子天天嚷嚷让他开奔驰。孩子说每天放学人家的爸爸、妈妈都是开奔驰宝马来接，而他只开个破桑塔纳2000。这个营销总监说他就想让他的孩子开心一点，高兴一点，他也开奔驰车去接他。我说这简单，咱们公司副总家里条件很好，前几天刚买的新款奔驰，先让你开三天，三天以后爽够了，只需要把人家油箱加满就可以了。这个总监很高兴，就把车开走了。没想到一天就回来了，他说孩子体验到了，感觉很好，他做父亲的自豪感油然而生，而且他说他坐在车里，看着前面的车标，一种成功人士的欲望就产生了。我说好，没问题，年底的奖金虽然买不了奔驰，但再努努力可以买一个高配的30万左右的车了。这个销售总监很高兴地走了，他开始为这个目标奋斗了。

可以看出，梦想制造法可以激励员工更努力工作。因为管理者给了员工一个承诺，而员工为了能够更快地实现他的梦想会加倍努力，这就是用员工自己的梦想来激励其实现增加业绩的梦想制造法。

方法四：正反结合法——如何实施隐性激励与引导

所谓正反结合法就是实施隐性激励与引导。

如何实施呢？比如说，我们想激励某个员工，那么平时我们可以聚聚餐。酒足饭饱以后，如果你想激励哪一个人，就走到那个人面前，单独和这个人喝三杯酒就可以了。这么多年我个人的经验表明，你只要三杯酒喝完，作为管理者你一句话都不用讲，这个员工端个空酒杯，就开始向你主动表决心了。

有一次公司聚会，我和几个员工一起聚餐。我当时想借这个机会激励激励小金，因为小金最近业务完成得不是太好，总是以各种理由为自己开脱。就这样，酒足饭饱以后，我来到小金面前敬酒。小金是个女孩子，看我来了，有点受宠若惊。连忙站起来说："尚总，我不喝酒，以茶代酒吧！"这个没关系，就是一个形式，关键动作很重要。

我就拿酒敬了她一杯，小金的一杯茶水下肚后，感觉非常开心——领导主动敬酒，当然开心。当第三杯酒敬完后，小金开始向我保证："尚总，今年你看我的实际行动，保证完成任务。"这时我借机说："小金，既然你都这么讲了，那我就不多说了，总之，下个季度团队任务额真的就靠你了。"就这样我的目的达到了。

这么多年我试过好多次，这个方法屡试不爽。这些员工心里会想，虽然我的业绩做得不是很好，但是管理者没有放弃我，他会引导我完成任务。

方法五：亲笔书信法——用正式的方法激荡下属的心

什么是亲笔书信法？就是运用正式的方式来激荡下属的心。

我曾经有一个下属，销售业绩不是很好，在业绩为王的销售团队里，总感觉有点抬不起头来。后来我就采用亲笔书信法去引导他，效果很不错。每当我通过日清表了解到他的工作有实际进展时，我都会给他发封邮件鼓励——"小孙，这段时间听你的主管说，你非常非常

努力。现在看来果然是这个样子，我感觉你还是非常有发展前途的，我很看好你。"

韦尔奇最成功的地方是什么？是他在公司建立起非正式沟通的企业文化。公司上下，包括韦尔奇的司机和秘书以及工厂的工人都叫他"杰克"。而韦尔奇最擅长的就是提起笔来写便条和亲自打电话。

韦尔奇下面有一个经理人，因为不愿女儿换学校而拒绝韦尔奇对其所进行的提升。韦尔奇知道后写了一张便条给他："比尔，你有很多地方被我看中，其中一点就是你与众不同。你今天的决定更证明了这点……祝你合家安康，并能继续保持职业生涯规划的优先次序。"当比尔收到公司大老板的亲笔信时，感动得不得了。

韦尔奇对员工的关怀，已使主管和下属的上下级关系升华为人与人之间的情感关系。这种用亲笔书信进行的沟通，实在是最好的沟通方式。

方法六：突击核查法——用人要疑，但要疑在明处

古人有句话叫"用人不疑，疑人不用"，这句话在古时候是正确的，因为当时社会的整体诚信度很高，但放在当今社会可能会有一些问题。因此，我们在带团队时，要做到"用人要疑，但是疑在明处"。给员工形成一种什么样的氛围呢？我怀疑你，我并不认为你能够把这个工作做好，我要随时检查你的工作，这样他随时都会有紧迫感。

王永庆老先生曾实施过对一个团队管理很有效的方法，就是突击核查法——如果管理者"怀疑"某一下属是否一直在努力地做好其本职工作，就提前制定团队制度，就是管理者可以随时检查下属的工作，这样对下属形成一种随时被考核的紧迫感。

比如说，管理制度传达下去后，可以突然给下属的某一部门经理打电话说："张经理，明天、后天不要来上班了。"先让他在家休息两天，然后在他休息这两天时间，管理者专门派几个人去核查。核查什么？第一，是否这个员工不上班了，他所负责和控制的团队是一盘散沙；第二，是否下属对总部或者公司颁布的各项政策、制度严格遵照执行了。

王永庆先生在实施这个方法后，发现做得好的下属与做得不好的下属，都很喜欢上级去核查。为什么呢？首先，做得好的员工巴不得领导过来看过后夸一下。领导没时间过来看，很多员工都会千方百计地希望领导知道。

那么为什么做得不好的人也喜欢管理者随时控制、随时核查呢？因为做得不好的员工都有原因。这个原因有的时候他知道，但我们管理者不知道。当他知道的时候，他会告诉领导，他知道是怎样的原因造成他做得不好，不是他能力不强，是因为这个团队成员中有很多矛盾和冲突，造成了整体执行能力不强。此时他会主动给我们很多建议。

管理学有一句经典的话叫做"员工能力有问题不是大问题"。一个员工能力有问题，管理者需要知道他差到哪里，然后有针对性地去训练和辅导，让员工的自身能力得到提升。如果管理者帮助员工提高了工作能力，员工的工作积极性也就自然水涨船高了。

方法七：危机意识法——如何让团队下属自行寻找其不可替代性

有一次，我路过一个肉店门口，发现门旁边的地上立了一块纸牌子，上面写道："买赠通知，即日起，凡在我店内购鲜猪肉2斤以上者，赠鲜菜1斤。下列菜可任意选一种：土豆、胡萝卜、白萝卜、白薯、绿豆芽。欢迎选购放心鲜猪肉。"

见到这样的宣传，我们是不是有一种压力？连卖猪肉的都知道做促销了，我们应不应该有危机感，有危机意识？

那将危机意识法作用于团队，就是要让下属自行寻找其不可替代性，同时让员工自己思考如何把本职工作做得更好。应该怎么做呢？

危机意识法如何实施呢？

首先，让我们的下属自己去思考如何把本职工作做得更好。

其次，让下属从其自身的角度来思考，企业团队如何发展才能够更健康。

最后，把思考的结果，以文字的形式通过周计划表上报给我们。

大多营销团队成员每周五要向上级递交周计划表。标准的周计划表包括6个方面：

第一，员工本周完成了哪些工作。

第二，员工本周哪些工作没完成。

第三，针对未完成的工作，员工自己的想法和建议、解决方案是什么。

第四，员工下一周的主要工作安排。

第五，他认为站在本职岗位角度，怎么做能够把这个本职工作做得更好。

第六，他认为团队后期应如何发展能够更健康。

针对第五项和第六项每个员工每周至少写一条，多写不限，随周计划表一并上报给上级管理者，然后管理者开始做选择题。何谓选择题？下属写得好的营销方法或团队发展方法，如果有可借鉴的意义就直接奖励。

如果此时下属写不出来怎么办？那么他的危机感就产生了。因为他身边的同事每周都能上报几条，但是他一条都写不出来。这意味着他的能力比同事要差一些，那么他的团队危机意识就会出现了。而此时管理者引导到位的话，也不失为一种推动其进步的激励措施。

这种方法可以很好地调动员工的积极性。同时此种方法的关键是：管理者用这种管理动作、管理行为来吸收团队中所有成员的智慧精华。作为团队的管理者，我们的智慧终究会有枯竭的一天。那么当这一天来临之前，我们是否可以选择去"借势"，借员工的智慧为我们管理者个人所用呢？

其实，此时我们可以让员工帮助我们去思考，让下属做问答题，管理者自己做好选择题就行了。员工的畅所欲言，也会让管理者的管理思路变得宽广。员工激励，主管开心，所以说管理者的最高境界是"无为而治"。